**L&PM**POCKET**ENCYCLOPAEDIA**

# Guerra Civil Espanhola

## Série **L&PM**POCKET**ENCYCLOPAEDIA**

***Alexandre, o Grande*** Pierre Briant
***Bíblia*** John Riches
***Budismo*** Claude B. Levenson
***Cabala*** Roland Goetschel
***Capitalismo*** Claude Jessua
***Cérebro*** Michael O'Shea
***China moderna*** Rana Mitter
***Cleópatra*** Christian-Georges Schwentzel
***A crise de 1929*** Bernard Gazier
***Cruzadas*** Cécile Morrisson
***Dinossauros*** David Norman
***Drogas*** Leslie Iversen
***Economia: 100 palavras-chave*** Jean-Paul Betbèze
***Egito Antigo*** Sophie Desplancques
***Escrita chinesa*** Viviane Alleton
***Evolução*** Brian e Deborah Charlesworth
***Existencialismo*** Jacques Colette
***Drogas*** Leslie Iversen
***Geração Beat*** Claudio Willer
***Guerra Civil Espanhola*** Helen Graham
***Guerra da Secessão*** Farid Ameur
***Guerra Fria*** Robert McMahon
***História da escrita*** Andrew Robinson
***História da medicina*** William Bynum
***História da vida*** Michael J. Benton
***Império Romano*** Patrick Le Roux
***Impressionismo*** Dominique Lobstein
***Islã*** Paul Balta
***Jesus*** Charles Perrot
***John M. Keynes*** Bernard Gazier
***Jung*** Anthony Stevens
***Kant*** Roger Scruton
***Lincoln*** Allen C. Guelzo
***Memória*** Jonathan K. Foster
***Maquiavel*** Quentin Skinner
***Marxismo*** Henri Lefebvre
***Mitologia grega*** Pierre Grimal
***Nietzsche*** Jean Granier
***Paris: uma história*** Yvan Combeau
***Platão*** Julia Annas
***Pré-história*** Chris Gosden
***Primeira Guerra Mundial*** Michael Howard
***Relatividade*** Russell Stannard
***Revolução Francesa*** Frédéric Bluche, Stéphane Rials e Jean Tulard
***Rousseau*** Robert Wokler
***Santos Dumont*** Alcy Cheuiche
***Sigmund Freud*** Edson Sousa e Paulo Endo
***Sócrates*** Cristopher Taylor
***Teoria quântica*** John Polkinghorne
***Tragédias gregas*** Pascal Thiercy
***Vinho*** Jean-François Gautier

Helen Graham

# Guerra Civil Espanhola

*Tradução de* Vera Pereira

www.lpm.com.br

Coleção **L&PM** POCKET, vol. 1107

Helen Graham é professora de História Espanhola na Royal Holloway, Universidade de Londres. É autora de *The Spanish Republic at War 1936-1939* (2002) e *The War and Its Shadow: Spain's Civil War in Europe's Long Twentieth Century* (2012), entre outros.

Texto de acordo com a nova ortografia.

Título original: *The Spanish Civil War*

Primeira edição na Coleção **L&PM** POCKET: julho de 2013

*Tradução*: Vera Pereira
*Capa*: Ivan Pinheiro Machado. *Ilustração*: Detalhe da obra de Pablo Picasso, "Guernica". (Museo Reina Sofia, Madrid).
*Preparação*: Viviane Barbosa
*Revisão*: Patrícia Yurgel

CIP-Brasil. Catalogação na Fonte
Sindicato Nacional dos Editores de Livros, RJ

---

G769g

Graham, Helen, 1949-
 Guerra Civil Espanhola / Helen Graham; tradução Vera Pereira. – Porto Alegre, RS: L&PM, 2013.
 208 p. : il. ; 18 cm   (Coleção L&PM POCKET; v. 1107)

 Tradução de: *The Spanish Civil War*
 Apêndice
 Inclui bibliografia e índice
 ISBN 978-85-254-2816-5

 1. Espanha - História - Guerra civil, 1936-1939. I. Título. II. Série.

13-0471.                          CDD: 946.081
                                  CDU: 94(460)"1936/1939"

---

© Helen Graham, 2005
***The Spanish Civil War* foi originalmente publicado em inglês em 2005. Esta tradução é publicada conforme acordo com a Oxford University Press.**

Todos os direitos desta edição reservados a L&PM Editores
Rua Comendador Coruja, 326 – Floresta – 90220-180
Porto Alegre – RS – Brasil / Fone: 51.3225.5777 – Fax: 51.3221.5380

PEDIDOS & DEPTO. COMERCIAL: vendas@lpm.com.br
FALE CONOSCO: info@lpm.com.br
www.lpm.com.br

Impresso no Brasil
Inverno de 2013

# Sumário

Prefácio e agradecimentos ................................................. 7

Capítulo 1: As origens da Guerra Civil Espanhola ........... 11

Capítulo 2: Rebelião, revolução e repressão ..................... 32

Capítulo 3: Mobilizar para sobreviver:
a República em guerra ....................................................... 49

Capítulo 4: A construção da Espanha rebelde .................. 82

Capítulo 5: A República sitiada ....................................... 102

Capítulo 6: Vitória e derrota:
as guerras depois da guerra .............................................. 132

Capítulo 7: As aplicações da história .............................. 156

Referências ...................................................................... 170

Leituras complementares ................................................ 173

Cronologia ....................................................................... 178

Glossário .......................................................................... 186

Índice remissivo ............................................................... 187

Lista de mapas e ilustrações ............................................ 194

Recordai-vos e recordai a outros.
(*Poema 1936*, Luis Cernuda)

O maior desafio do novo milênio é não mitificar nossos medos.

# Prefácio e agradecimentos

Uma das mais dolorosas catástrofes da história europeia do século XX, a Guerra Civil Espanhola continua a exercer sobre nós um fascínio singular. É claro que esse poder de atração não pode ser explicado nem pela escala geográfica ou humana do conflito, nem pelos horrores tecnológicos de que foi testemunha. Outras guerras causaram destruição material e tragédias humanas maiores, por mais que adicionemos ao nosso cálculo o constante estado de terror provocado pelos assassinatos e encarceramentos em massa que caracterizaram o "pós-guerra" na Espanha dos anos 40. No entanto, nosso permanente interesse na Guerra Civil Espanhola é inegável, e já deu origem a mais de 15 mil livros – um epitáfio literário que a situa no mesmo patamar da Segunda Guerra Mundial.

O principal objetivo deste livro é analisar a guerra civil, suas causas, desenvolvimento e consequências nos contextos nacional e internacional. Nem as batalhas nem a estratégia são detalhadas aqui, razão pela qual os leitores interessados na história militar convencional devem buscar outro tipo de estudo (ver a seção de Leituras Complementares). Este livro trata de como a guerra afetou a vida física e psíquica dos soldados e da população civil, e de como orientou o curso da política, da sociedade e da cultura dentro e fora da Espanha.

A Guerra Civil Espanhola foi o primeiro conflito bélico europeu em que civis foram alvos de massa de ataques aéreos surpresa nas grandes cidades. O novo fotojornalismo que fez da guerra na Espanha o primeiro conflito militar "fotogênico" da história também transmitiu imagens dolorosas do grande número de refugiados políticos que o conflito gerou. Migrações em massa também ocorreram durante a Primeira Guerra Mundial, mas nenhuma adquiriu uma visibilidade comparável à do conflito espanhol. A guerra civil causou uma profunda impressão naqueles que a observavam a partir de outros países europeus, e para os espanhóis, é claro, o impacto foi enorme. Nada se comparava à mobilização militar, industrial e política que a guerra civil provocou, pois a Espanha não havia participado da Primeira Guerra Mundial, de 1914 a 1918. Como é de conhecimento geral, a Espanha passou a ser o local em que outros países testaram suas mais novas tecnologias bélicas. Além disso, o conflito revelou o que poderia significar uma guerra em solo europeu, um presságio dos conflitos depuradores, genocidas e punitivos das muitas outras guerras civis que explodiram no continente entre 1939 e o final dos anos 40.

Tudo isso indica que, inclusive em suas origens, a Guerra Civil Espanhola foi um fenômeno intrinsecamente europeu. Não estou querendo dizer que as tensões e ansiedades existentes na sociedade espanhola que levaram ao golpe militar, o qual, por sua vez, desencadeou a guerra civil, não tinham sido geradas internamente, e sim que a polarização social e política em torno de questões como o sufrágio universal, as reformas sociais e a redistribuição da terra e do poder econômico no campo não eram específicas da Espanha, como tampouco o eram as lutas culturais que vinham se desenvolvendo (desde antes da eclosão da guerra civil) em torno da reforma secularizadora e da disputa entre o urbanismo cosmopolita e a sociedade rural tradicional. As supostas "soluções" para o conflito espanhol também traziam todos os elementos típicos das receitas monolíticas impostas em outros lugares por regimes fascistas e quase fascistas da Europa. Esse contexto comum é a chave para compreender por que a guerra civil teve tanto impacto fora da Espanha e por que ela continua a nos parecer tão importante hoje. O segundo objetivo deste livro é examinar as polêmicas políticas e os debates históricos suscitados pelo conflito, pois discutir a Guerra Civil Espanhola nunca foi de competência exclusiva dos historiadores profissionais, dentro ou fora da Espanha.

O Capítulo 1 oferece uma explicação temática dos fatores de conflito existentes na história da Espanha no século XX e explora de que forma esses dilemas se cristalizaram na década de 30. O texto não oferece uma narrativa cronológica completa sobre o período republicano que antecedeu à guerra (1931-1936), já que é fácil encontrá-la em outros lugares (ver Leituras Complementares). O Capítulo 2 analisa mais de perto esses conflitos, examinando de que modo diferentes setores sociais e políticos tentaram solucioná-los no decurso dos fatos que o golpe militar de 17-18 de julho de 1936 desencadeou. Esses dois capítulos iniciais também fazem um esboço da cultura de caserna e do campo de batalha (colonial) nos quais se formaram os oficiais do exército que se insurgiram contra a ordem democrática da Segunda República. Um desses oficiais era o general Francisco Franco, que ascendeu ao supremo comando militar e político durante a guerra civil e, depois de vencê-la, governou a Espanha por 36 anos. Os Capítulos 3, 4 e 5 examinam a escalada da guerra e o complexo processo de sua internacionalização; estudam de que maneira a experiência da guerra influiu na política e na sociedade tanto na zona republicana quanto na zona franquista; e, por fim, analisam como a política e a diplomacia das grandes potências determinaram o desfecho do conflito.

O livro aborda a guerra civil como um período de mudança social no qual se desenvolveram ou se confrontaram diferentes ideias sobre a cultura (entendida em sua acepção mais ampla) e do qual participaram espanhóis e não espanhóis. Esses conflitos tiveram continuidade em outros lugares – na Europa e além dela, igualmente com a participação espanhola – durante a Segunda Guerra Mundial, de 1939 a 1945. O Capítulo 6 retoma esses assuntos e discorre sobre a violenta repressão levada a cabo na Espanha por um regime que se concebia como parte da nova ordem nazista na Europa. Era essencial para as aspirações totalitárias do franquismo vitorioso a tentativa de apagar a memória dos vencidos. Escrever a história da guerra civil também se transformou em um campo de batalha. O Capítulo 7 descreve as tentativas do regime de apropriar-se do passado e demonstra seu fracasso final – visível nos novos estudos históricos sobre a guerra civil e, sobretudo, no reaparecimento da memória republicana que hoje se realiza pelos canais da sociedade civil nestes primeiros anos do século XXI.

A seção de Leituras Complementares no final do livro oferece uma pequena lista de textos introdutórios, em inglês, sobre o tema. Incluí nessa seleção algumas indicações mais ecléticas, bem como alguns sites relevantes. No entanto, é preciso advertir os leitores desde logo que grande parte dos estudos mais recentes sobre a Guerra Civil Espanhola está disponível somente em espanhol. A bibliografia sugerida não cobre, portanto, a amplitude e a riqueza da literatura hoje existente sobre o assunto. Mas espero ter fornecido um ponto de partida útil para o leitor em geral.

Gostaria de agradecer a todas as pessoas que leram os originais do livro e também a Emily Jolliffe e a Marsha Filion, gentis e pacientes editoras. Pela ajuda específica com as fontes escritas ou visuais agradeço a Peter Anderson, Richard Baxell, Benito Bermejo, família Campañá, Hilary Canavan, Corneçç Capa, June Duran, o saudoso Harry Fisher, Lala Isla, Conxita Mir, Cary Nelson, Paul Preston, Alex Quiroga, Antonino Rodrigo, Francisco Romero, Mariano Sanz, Ramón Sender Barayón, Remi Skoutelsky, Mary Vincent e Ricard Vinyes. Agradeço ainda aos meus amigos, colegas e alunos por tudo o que me ensinaram sobre o empenho coletivo para fazer história. Naturalmente, as omissões e falhas que permanecem são de minha inteira responsabilidade.

# Capítulo 1
# As origens da Guerra Civil Espanhola

> Viva os homens que nos trazem a lei!

A Guerra Civil Espanhola começou com um golpe militar. Já havia uma longa história de intervenções militares na vida política da Espanha, mas o golpe de 17-18 de julho de 1936 foi um velho recurso aplicado a um novo objetivo: deter a democracia política de massas iniciada sob o impacto da Primeira Guerra Mundial e da Revolução Russa, e acelerada pelas subsequentes mudanças sociais, econômicas e culturais ocorridas nas décadas de 20 e 30. Nesse sentido, o levante militar contra a ordem democrática da Segunda República da Espanha pode ser visto como equivalente aos golpes de Estado fascistas que se seguiram à ascensão ao poder de Mussolini na Itália (1922) e de Hitler na Alemanha (1933), igualmente destinados a estancar processos semelhantes de mudança social, política e cultural.

À primeira vista, pode parecer um paradoxo que o choque entre o velho e o novo tenha assumido a dimensão de uma guerra civil declarada em um país relativamente atrasado como a Espanha. Mas é preciso lembrar, antes de qualquer coisa, que a escalada do golpe militar às proporções de uma guerra civil, e depois a uma guerra "total" moderna que envolveu a maioria da população civil, foi em decorrência, em aspectos cruciais, de fatores externos à arena política espanhola. Também é fato que os espanhóis, quando falam retrospectivamente sobre as *causas* da guerra civil, geralmente descrevem pensamentos e sentimentos criados *pela própria guerra*. Apesar da difusão de noções sobre as "duas Espanhas" prontas a se enfrentarem em 18 de julho de 1936, "nós" e "eles" são categorias criadas pela violenta experiência da guerra e não existiam antes de ela começar.

Contudo, logo após o golpe militar de julho e antes mesmo que fatores internacionais entrassem em ação, formas extremadas de violência fratricida explodiram por toda a Espanha. Cabe aos historiadores, portanto, analisar o significado dessa violência e suas relações com o ambiente do país no pré-guerra. Três fatores tiveram importância fundamental. Primeiro, a extrema disparidade dos níveis de desenvolvimento da Espanha na década de 30. Isso fez com que o golpe militar desencadeasse o que, na realidade, eram várias guerras entre culturas distintas: a cultura urbana e seus estilos cosmopolitas de viver em oposição à tradição rural; o secular opondo-se ao religioso; a cultura política autoritária em confronto com as ideias liberais; a polarização entre centro e periferia, entre os papéis tradicionais de gênero e o conceito da "nova mulher", e inclusive o conflito de gerações que opunha os jovens aos velhos. Segundo, a força com que os elementos opostos se chocavam devia-se em boa parte à influência cultural de uma corrente maniqueísta do catolicismo, que continuava a predominar na Espanha e afetava até mesmo aqueles que haviam rejeitado conscientemente o credo religioso e a autoridade da Igreja. Terceiro, dado que os acontecimentos foram deflagrados por um golpe militar, é preciso examinar também o papel do exército na Espanha e, em especial, o surgimento de uma cultura política rígida e intolerante entre a oficialidade durante as primeiras décadas do século XX.

No centro de todos esses fatores, especialmente para os militares, estava a perda definitiva do império colonial espanhol em 1898, que privou o país de mercados externos protegidos e com isso deu o impulso inicial para um debate áspero e intermitente sobre como a Espanha devia modernizar sua economia e quem devia pagar os custos. Os argumentos favoráveis à reforma interna propostos pelas elites industriais relativamente mais progressistas, sobretudo aquelas ligadas ao setor têxtil da região da Catalunha, não prosperaram muito. Suas ideias se chocavam com os interesses de um sólido setor agrário, sem dúvida muito poderoso em um país cuja economia ainda se baseava fortemente na agricultura. Os grandes latifundiários, cujas propriedades dominavam a metade sul da Espanha, seriam, evidentemente, o setor da elite mais afetado por uma reforma política e econômica. Além disso, esses grandes proprietários eram inflexíveis por natureza; muitos eram pais ou irmãos mais velhos de militares – grupos conhecidos por sua profunda desconfiança com relação às mudanças.

A perda do império colonial privou a numerosa oficialidade militar da Espanha, herdada das guerras contínuas do século XIX, de um papel importante na defesa externa do país. Com isso, a derrota colonial transformou os militares em um poderoso grupo de pressão política, decidido a encontrar para si um novo papel e, ao mesmo tempo, a defender-se contra qualquer perda de renda ou prestígio. Para amenizar a derrota, a oficialidade militar criou o mito poderoso de que os políticos civis tinham sido os únicos responsáveis pela perda definitiva do império, e por isso não tinham moral para governar o país. Essa crença já estava bem arraigada na época em que Francisco Franco, aos quinze anos de idade, ingressou na academia militar (1907). Surgiu então uma geração de cadetes que se consideravam defensores da unidade e da hierarquia na Espanha, bem como de sua homogeneidade cultural e política, valores que acreditavam ser consubstanciais à grandeza histórica do país. Na realidade, boa parcela da elite militar deu um passo a mais, interpretando a defesa da sua ideia de Espanha como um novo dever *imperial* – interpretação que invertia a constituição monárquica, segundo a qual os territórios coloniais eram províncias da metrópole. Essa nova concepção da defesa imperial teve o efeito desastroso de voltar-se contra outros grupos de espanhóis que simbolizavam as mudanças sociais e econômicas em curso nas cidades.

As mudanças foram mais lentas na Espanha do que em outros países europeus, mas por volta da segunda década do século XX as áreas urbanas já estavam se movimentando. Cidades como Sevilha e Zaragoza cresceram com a expansão industrial (ainda que em pequena escala) para além das regiões tradicionais do Norte (minas de carvão, usinas de ferro e aço, construção naval) e do Nordeste (fábricas de tecidos da Catalunha). Movimento semelhante alcançou a província de Valência, no litoral nordestino, onde a urbanização e a industrialização fortaleceram um anticentralismo, ou federalismo, histórico. Essas mudanças econômicas e seus desdobramentos – como a melhoria dos sistemas de comunicação e de transporte, além da relativa liberdade de circulação das novas ideias – criaram novos eleitorados ligados a profissões urbanas e ao operariado industrial, segmentos cada vez mais ansiosos por adquirirem expressão política. A ordem tradicional, muito restritiva quanto ao direito de voto, estava submetida à crescente tensão na Espanha urbana.

Paralelamente, outro país passava ao largo dessas demandas – *la España profunda*, o interior rural da Espanha. A maioria dos 20 milhões de espanhóis (exatamente 21,303 milhões em 1920) ainda vivia nas aldeias e pequenas cidades do interior. No Centro e no Norte do país, o grosso da população era constituído por pequenos proprietários rurais, camponeses de recursos modestos, alguns muito pobres. Essa sociedade rural se abastecia nas pequenas cidades ou mercados agrários, habitados por uma classe média interiorana de atitudes sociais semelhantes. Formavam um mundo rígido, confinado pelos laços do costume e da tradição, onde o catolicismo conservador ditava a linguagem, os valores e a cultura comum. O cimento dessa estreita relação entre Igreja e comunidade no Centro e no Norte da Espanha baseava-se no trabalho pastoral dos sacerdotes locais. A Igreja não oferecia apenas conforto espiritual, mas proporcionava também apoio prático – muitas vezes na forma de créditos bancários que forneciam recursos vitais para um pequeno campesinato pobre e eternamente ameaçado por más colheitas, além de temeroso de cair nas garras dos usurários. O desejo da Igreja e da comunidade de se protegerem reciprocamente originava-se do temor comum dos rumores de mudança e da identificação com um velho mundo de ordem e hierarquia. Muitos se identificavam especificamente com a monarquia por considerá-la a forma de governo mais apta a proteger essa ordem tão estimada. Outro motivo de a hierarquia da Igreja aferrar-se à velha ordem era o desejo de evitar as consequências da invasão do liberalismo político e do pluralismo cultural, que ameaçavam seu monopólio da verdade.

De fato, nas primeiras décadas do século XX, a Igreja Católica da Espanha sentia-se assediada. Tinha pouca influência no operariado urbano e há muito tempo perdera autoridade sobre a massa crescente de pobres do Sul. Os trabalhadores rurais do "Sul profundo" da Espanha viam na Igreja um pilar perpetuador da ordem baseada na propriedade da terra que os oprimia. A Espanha meridional era dominada por extensos latifúndios, onde trabalhavam camponeses sem terra, em luta constante contra a fome extrema. O modelo de imensos latifúndios monocultores impunha aos trabalhadores a dependência de uma única fonte de renda, que, mesmo assim, só lhes era acessível durante parte do ano – nas épocas de plantação e colheita. Na ausência de qualquer mecanismo de assistência pública ou outra forma de auxílio à pobreza, essa dependência transformava os camponeses sem terra em quase escravos à disposição dos latifundiários e dos administradores das propriedades. Os trabalhadores eram brutalizados pelos capatazes e pela polícia rural, a odiada guarda civil que atirava nas pessoas desempregadas que colhiam madeira e frutos dentro das propriedades. O fato de os padres católicos locais sempre se aliarem aos proprietários e ao chefe de polícia estimulou um forte sentimento anticlerical entre os camponeses pobres e transformou a religião numa rancorosa questão política e de classes. O abuso sistemático de indivíduos indefesos transformou a violência em fato endêmico nessa sociedade rural profundamente repressora. No entanto, as periódicas revoltas de escravos protagonizadas pelos trabalhadores rurais eram facilmente reprimidas pela polícia – não menos antes quanto depois da Primeira Guerra Mundial.

Na Espanha urbana, como em outros lugares da Europa, foi a Primeira Guerra Mundial que desencadeou a mudança social. A Espanha não participou militarmente do conflito, mas a guerra estimulou não só um crescimento acelerado da sua economia, como também uma forte inflação e o deslocamento da população, afetando, sobretudo, os setores mais pobres da sociedade, no campo e nas cidades. Foi na Espanha urbana, porém, que as manifestações de protesto social alarmaram seriamente as elites, que viam esses protestos domésticos pela ótica da Revolução Russa. O epicentro da ameaça localizou-se na Barcelona "vermelha". No entanto, aos olhos do *establishment* espanhol, o fantasma não era o bolchevismo, mas o poderoso movimento anarcossindicalista, a Confederação Nacional do Trabalho (CNT), comprometida com a ação direta, e muitas vezes violenta, contra a intransigência dos empresários que conspiravam com as autoridades militares – há inclusive um caso famoso de conspiração envolvendo um alto oficial do exército, que era governador de Barcelona, para assassinar dirigentes sindicais da CNT. Em 1923, o general Miguel Primo de Rivera liderou um "leve" golpe militar com a finalidade de acabar com a agitação dos trabalhadores em Barcelona e restabelecer a ordem conservadora em toda a Espanha. O golpe foi bem recebido pelo monarca reinante, rei Alfonso XIII, que claramente preferia as soluções militares às constitucionais para os problemas de governo.

A prosperidade econômica da década de 20 também facilitou o caminho para a ditadura, mas, ao mesmo tempo, intensificou as demandas de reforma política dos setores urbanos das classes médias. Elas exigiam direitos constitucionais como mecanismos de defesa de seus interesses contra o poder arbitrário do ditador. Embora os partidos políticos fossem ilegais na década de 20, numerosas associações profissionais começaram a surgir – de professores, funcionários dos correios, médicos, entre outras –, em um processo que efetivamente levou segmentos das classes médias espanholas a assumirem posições republicanas na luta por direitos políticos. A aceleração da emigração para as cidades em uma conjuntura de prosperidade econômica e a difusão do rádio entre a população culta das metrópoles também contribuíram para aumentar abruptamente a distância entre a Espanha urbana e os vilarejos e pequenas cidades do interior.

A modernidade começava a penetrar na sociedade, como se podia vislumbrar nas próprias contradições da ditadura. Apesar das instruções de Primo de Rivera relacionadas com o restabelecimento da ordem conservadora, ele também buscou introduzir várias reformas importantes no exército e na esfera dos direitos trabalhistas. Entretanto, até uma ditadura militar esbarrou no bloqueio dos interesses corporativos do exército, enquanto as elites proprietárias frustraram a extensão de reformas sociais de base para as massas pobres do Sul rural. Quando a oposição do exército derrubou Primo de Rivera, em janeiro de 1930, o próprio rei se viu em apuros. Com a intensa propagação do sentimento republicano na Espanha urbana, a Igreja Católica era a única instituição do antigo regime que apoiava a monarquia de maneira inequívoca. Por paradoxal que fosse, a lembrança dos perigosos elementos inovadores da ditadura fez a elite considerar menos grave a perspectiva de uma República. De fato, quando a República foi declarada, pacificamente, em 14 de abril de 1931, chegaram a vê-la como um instrumento útil para aquietar a opinião pública representada pelas multidões radiantes que enchiam as ruas das grandes cidades. No entanto, aqueles que acreditavam que a República seria apenas "um pouco mais do mesmo" – a ordem política da monarquia sem o rei – logo se decepcionaram. O primeiro governo republicano estava decidido a dar ao novo regime uma feição reformista que realizasse uma redistribuição fundamental do poder econômico e social na Espanha.

Dois grupos definidos apoiavam o programa de reformas. Em primeiro lugar, os republicanos de esquerda, uma classe política de advogados e de professores que formavam pequenos grupos sem significância, e não partidos de massas.

Justamente por carecerem de influência em um sistema político que agora se baseava no sufrágio universal, os republicanos precisavam do apoio do segundo grupo: o movimento socialista (partido político e sindicato). Organização política reformista e historicamente moderada, os socialistas eram o único movimento político de massas na Espanha na época da proclamação da República. Apesar de sua ênfase na reforma social e do desejo de instituir um sistema mínimo de proteção social estatal, os objetivos dos republicanos centravam-se na reforma estrutural. Eles se consideravam herdeiros da Revolução de 1789 na França e pretendiam abrir a Espanha à Europa, realizando a modernização econômica e cultural segundo o modelo francês, em quatro aspectos essenciais: reforma da propriedade da terra, educação, relações entre Estado e Igreja, e exército.

A reforma agrária pretendia criar no Sul da Espanha um campesinato de pequenos proprietários afinados com os ideais da República, cujo poder aquisitivo mais elevado também proporcionaria um mercado interno capaz de estimular o desenvolvimento industrial. Igreja e Estado deviam ser separados e o subsídio público ao clero gradualmente eliminado, permitindo com isso liberar recursos para financiar um sistema nacional de educação básica não religiosa, a partir do qual seria construída a nação republicana. A reforma militar pretendia pôr o exército sob controle civil e constitucional. A redução do número excessivo de oficiais de alta patente também ajudaria a diminuir a folha de salário, gerando-se com isso mais recursos para a reforma estrutural. Todas as reformas republicanas, assim como a legislação de proteção social de seus colegas socialistas, tinham por objetivo aumentar a democracia econômica como pré-requisito essencial para o estabelecimento da democracia política. Os republicanos progressistas eram, antes de tudo, constitucionalistas, embora compreendessem que era preciso incluir muitos mais grupos sociais carentes de recursos econômicos e sociais para que a República, afinal, pudesse efetivamente consolidar o Estado de direito na Espanha. Contudo, compreender uma situação é uma coisa, ter o poder necessário para levar a cabo as medidas necessárias é outra bem diferente.

O programa republicano de reformas estruturais era extremamente ambicioso. Certamente, era demasiado ambicioso querer fazer tanto de uma só vez. Além disso, a tentativa de reforma coincidiu com uma época de depressão econômica mundial, quando o novo governo tinha de arcar com a dívida herdada da ditadura de Primo de Rivera. Entretanto, é compreensível que republicanos e socialistas pensassem que não havia tempo a perder; já fazia meio século que as forças progressistas estavam fora do poder, e só o haviam ocupado por um brevíssimo período, o da Primeira República de 1873. Portanto, o acúmulo de reformas atrasadas (novamente em comparação com a Europa) era muito grande. No entanto, a complexidade inerente a reformas estruturais combinada às dificuldades que o governo enfrentou para encontrar pessoal experiente – o que não surpreende dada a longa exclusão da esquerda dos postos de poder – somaram-se aos problemas que se acumulavam com rapidez no novo horizonte político.

Era inevitável que as reformas despertassem oposição entre as elites tradicionais da Espanha. A reação da hierarquia eclesiástica assumiu um tom apocalíptico antes mesmo que a República tivesse começado a fazer política. A carta pastoral emitida pelo cardeal primaz no dia 1º de maio de 1931 continha um sermão monárquico incendiário que provocou o pedido do governo para que ele deixasse o país. O apelo do primaz à mobilização dos fiéis para um rearmamento espiritual e patriótico foi quase uma afirmação da ilegitimidade do regime republicano. Além disso, outros bispos fizeram declarações explícitas com esse mesmo teor ao descreverem a República como o triunfo do erro e do pecado.

O tom de apocalipse ideológico também era evidente entre setores das elites militares. Desde o fim do império colonial, a oficialidade vinha se convertendo numa casta fechada em si mesma. As academias militares favoreciam claramente os filhos de oficiais. As filhas de militares se casavam com filhos de outras famílias de militares. Era um mundo em que os grupos tinham cada vez menos laços pessoais com outros grupos sociais. Nos primeiros anos do século XX, iniciava-se no Marrocos uma nova aventura colonial, de pequena escala, e a experiência das campanhas no Norte da África forjou uma espécie de nacionalismo guerreiro que endureceu as atitudes dos militares. Por sinal, foi entre os oficiais que fizeram carreira no exército colonial da África – um deles o próprio Francisco Franco – que surgiram as opiniões mais gravemente reducionistas sobre o que havia de errado na sociedade e na política da Espanha metropolitana.

Quando Franco assumiu a direção da principal academia militar de Zaragoza, em 1927, montou a equipe de professores na qual predominavam esses oficiais oriundos das campanhas coloniais, os *africanistas*. A academia tornou-se um centro formulador de ideias sobre o renascimento imperial, o papel dos militares como guardiões e salvadores da Espanha, transformando-se assim em parte importante de uma nova política da direita ultranacionalista. O fascismo europeu dos anos 30 deu a forma final e mais radical à ideia de um batalhão de soldados "salvadores da civilização". José Antonio Primo de Rivera, chefe da Falange, partido fascista espanhol, citou a clássica frase de Oswald Spengler, em *A decadência do Ocidente* (vol. 2, 1922), texto que, assim como os remédios próprios dos africanistas, não passava de um sintoma patológico da mudança social e não a solução que dizia ser. Uma das primeiras decisões do governo republicano, de junho de 1931, foi fechar a academia militar de Zaragoza. Outra medida foi congelar as promoções por mérito no campo de batalha concedidas durante as campanhas no Marrocos, para fúria dos africanistas. Muitos oficiais eram hostis ao objetivo da República de impor controle constitucional e civil sobre o exército, o que lhes parecia uma verdadeira afronta aos seus princípios ultracentralistas. Os republicanos e os socialistas, apesar de muito centralistas, estavam dispostos a devolver certa margem de autonomia política às nacionalidades históricas do País Basco e da

Catalunha, em um exercício de construção do regime e de sinceridade democrática.

Cultura política e ideologia à parte, um tema não menos crucial para a jovem oficialidade do exército era o dos soldos e das perspectivas de carreira, e ambos seriam inevitavelmente reduzidos pelas reformas republicanas. Até a ditadura militar dos anos 20 enfrentou problemas ao tentar interferir nas prerrogativas militares, o que não era um bom presságio para os desprezados políticos civis – além disso, republicanos – que se propunham a fazer uma reforma radical no exército. No final, entre os apoiadores mais coesos do golpe de julho de 1936 estava justamente essa categoria de jovens oficiais que teria mais a perder do ponto de vista material, e que era profundamente hostil à ideia de democracia pluralista. Entretanto, esses oficiais não poderiam perder mais em 1936 do que tinham perdido em 1932, quando uma primeira tentativa de golpe fracassou. Tampouco o tom apocalíptico era mais pesado em 1936 do que foi em 1932. Algo havia mudado, com certeza, embora nada que tivesse relação principalmente com os militares. O que acabou "armando" o golpe militar de julho de 1936 foi o nascimento e a consolidação em setores civis da sociedade espanhola de uma oposição política de massas às reformas republicanas.

Portanto, a resistência às reformas não teve origem apenas nas velhas elites espanholas. A classe média do Centro--Norte conservador do país também começou a manifestar-se contra a nova República, fato que teve a ver principalmente com a Igreja. As reformas secularizantes contrariaram profundamente os sentimentos católicos nessa região. Era de se esperar que houvesse uma oposição eclesiástica a medidas como a separação entre Igreja e Estado, mas o maior motivo do desagrado popular foi a interferência da República na cultura católica sobre a qual se construíam as identidades sociais e a vida cotidiana: por exemplo, a proibição por parte das novas autoridades de realizar procissões religiosas, ou de tocar os sinos igrejas, ou ainda a ingerência nas cerimônias e festas dos santos do lugar ou dos apelativos locais da Virgem

Maria. O Centro-Norte era um mundo de devoções íntimas e familiares, mas também de fervor comunitário, onde emoções profundas tinham tanto a ver com o apego a um modo de vida e a um lugar específico (a *patria chica*) quanto com a fé religiosa ou a espiritualidade por si mesmas. Em outras palavras, a lealdade a essas coisas era indivisível.

O ressurgimento religioso desempenhou um papel tão significativo na oposição popular ao novo regime justamente porque esses mundos locais se sentiram ameaçados – pelas reformas republicanas e pelos processos mais gerais de mudança social e de crescimento econômico acelerado atribuídos à iniciativa da República. Em 1931, em Ezkioga, no País Basco, o povo relatou ter visto novas aparições da Virgem Maria, dando início a numerosas peregrinações. A história social dos séculos XIX e XX demonstra que visões e aparições religiosas tendem a ocorrer em épocas de convulsões traumáticas. Os fatores desencadeantes mais comuns desses fenômenos são as crises econômicas, as epidemias, a guerra e as perseguições religiosas. A religião assume nesses momentos, de modo nem sempre consciente, uma poderosa defesa contra o novo e assustador. A gradual retirada dos estipêndios ao clero secular por parte da República também afastou muitos padres mais pobres que não tinham motivos para ser seus adversários inconciliáveis. No entanto, a mobilização católica na Espanha da década de 30 foi realizada sobretudo pelos leigos que, muito antes da guerra civil, se consideravam empenhados em uma cruzada em defesa de um modo de vida ameaçado. Isso ocorreu igualmente no Norte, nas fortalezas rurais de Navarra, onde os quase teocráticos carlistas, que se opunham radicalmente a toda manifestação de modernidade social e cultural, estavam treinando suas milícias, entre a juventude católica das cidades do interior e até das grandes cidades, que se transformara na militância das novas organizações de massa da direita. Paradoxalmente, essa mobilização incluía o apoio ao voto das mulheres, enquanto os republicanos eram muito mais resistentes ao sufrágio feminino, por acreditarem que a maior influência do catolicismo entre as eleitoras significaria um voto em bloco nos candidatos conservadores. (As mulheres votaram pela primeira vez na Espanha em novembro de 1933.) Sem dúvida, o tema da religião podia ser manipulado, como foi quando os grandes latifundiários do Sul valeram-se da questão para mobilizar os pequenos proprietários do Norte contra uma reforma agrária que, na verdade, só prejudicava os próprios interesses. Mas a tática do conservadorismo de massas foi muito mais do que um produto da manipulação da elite. Sem as redes associativas da Igreja Católica da Espanha, as formas políticas dessa nova mobilização conservadora seriam inconcebíveis.

Os reformistas republicanos ficaram com o pior dos mundos. Votaram uma legislação que excluía as ordens religiosas do exercício de atividades ligadas à educação por acharem que elas seriam uma barreira intransponível à criação de uma nação republicana na Espanha. Mas, na prática, graças a subterfúgios ou atrasos legais, a tentativa de exclusão fracassou. Quando a guerra civil estourou, no verão de 1936, ainda não havia transcorrido um período completo de governo republicano no qual os religiosos tivessem cessado suas atividades de ensino na Espanha. Porém, na tentativa de excluí-los, os republicanos haviam conseguido mobilizar contra si uma poderosa coalizão de forças conservadoras. E, levando-se em conta as restrições orçamentárias, custa-se a crer que a República lograsse substituir completamente em curto espaço de tempo o papel da Igreja na educação primária.

Assim, a secularização republicana contrariou a boa política, foi mal planejada e, em boa parte, contraproducente. Alguns estudiosos também sustentam que a medida era questionável do ponto de vista ético, tanto mais que a República baseava a própria legitimidade nos princípios constitucionais. No entanto, isso não é muito claro. A polêmica sobre a secularização ainda continua viva nas sociedades ocidentais politicamente diversas e culturalmente pluralistas do século XXI; porém, poucos ousariam afirmar que a secularização contradizia as credenciais constitucionais da República.

Nem o "liberalismo", nem o "constitucionalismo", nem a "democracia" são conceitos de conotações anistóricas; todos devem ser entendidos e analisados em contextos específicos. Os conservadores católicos da Espanha dos anos 30 estavam indignados com as restrições impostas às suas crenças e práticas, mas não tinham uma concepção definida sobre os direitos civis e culturais dentro do Estado espanhol para os que professavam outras religiões, muito menos para os livres-pensadores e os ateus.

A grande ironia política é que a direita espanhola da década de 30, essencialmente hostil à noção de mudança democrática progressista, aprendera a se mover com sucesso no novo ambiente político da República para impor freios à mudança. Contudo, a esquerda revelou-se muito menos hábil ou flexível. Por que isso aconteceu?

Desde o começo, as grandes divisões ideológicas internas da esquerda eram sua grande desvantagem. A pior delas era a distância entre o movimento socialista parlamentar e a CNT de tendência anarcossindicalista e antiparlamentar. Não se tratava apenas de uma questão de voluntarismo ou de pura teimosia, como costuma sugerir a historiografia convencional. Ao contrário, a irredutibilidade entre as posições dos dois grupos era fruto de experiências políticas, econômicas e culturais muito diferentes em um país de desenvolvimento tão desigual. Por exemplo, a ação política direta defendida por muitos anarcossindicalistas era aconselhável desde logo aos trabalhadores sem-terra e aos não qualificados, cujo baixo poder de barganha e alta vulnerabilidade social fazia as promessas socialistas de mudança gradual parecerem improváveis, quando não simplesmente inacreditáveis.

Outra dificuldade com que republicanos e socialistas se defrontavam era a enorme distância entre a autoridade política e o poder de fato. O novo governo estava investido da legitimidade que lhe conferia o processo eleitoral democrático, e podia aprovar leis no parlamento de Madri. Mas assegurar sua posterior aplicação além do parlamento era muito diferente. Uma parte da dificuldade devia-se à falta de pessoal qualificado, mas o maior problema era a oposição consolidada das elites que não tinham perdido nem um pouco do seu poder social ou econômico. Era o que se passava principalmente no Sul rural, onde depois de 14 de abril de 1931 os grandes latifundiários continuaram a chamar a polícia local para punir os trabalhadores recalcitrantes da mesma forma como faziam antes. A polícia não tinha mudado seu pessoal e continuava a manter relações clientelísticas com as elites locais. Os grandes proprietários também se recusavam a reconhecer partes fundamentais da legislação social redistribucionista, chegando a "fechar suas fazendas", em uma espécie de greve patronal, deixando as terras sem cultivo. Os capangas dos fazendeiros agiam com violência – às vezes fatal – contra os dirigentes sindicais que fiscalizavam a aplicação das novas medidas. A temperatura política no Sul ruralista aumentara muito porque o nascimento da República havia elevado o nível de expectativas entre os pobres e os despossuídos. (Se muitos católicos viam na República o Anticristo, para os pobres e despossuídos ela parecia ser uma fonte de salvação messiânica.) O aumento da tensão política também se deveu ao puro espírito de vingança dos inimigos das reformas, que debochavam daqueles que muitas vezes ainda estavam desempregados e famintos gritando-lhes "comed República" (comam a República).

A frustração das aspirações populares de mudança social gerou desilusão não só entre os sem-terra e sem-trabalho do Sul rural, exasperados pela persistência das velhas relações de poder, mas também entre o operariado da Espanha urbana, onde os efeitos da depressão começavam a se fazer sentir. O desemprego estava aumentando principalmente entre os trabalhadores não qualificados, como os operários da construção civil que tinham afluído às cidades durante os anos de prosperidade da década de 20. Muitos estavam vivendo agora abaixo do nível de subsistência. No entanto, a capacidade da República para atenuar a situação por meio de medidas de assistência social era limitada. A política econômico-financeira estava principalmente nas mãos dos republicanos, e não nas dos socialistas – e eles eram monetaristas, não keynesianos. O único setor no qual os republicanos estavam dispostos a gastar era o da educação, para o qual pediam recursos substanciais a fim de financiar seu programa de construção de escolas. O governo republicano-socialista fez mais do que qualquer administração anterior para prover assistência social, mas, ironicamente, as elevadas expectativas populares fizeram as realizações da República parecerem fracassos.

Contudo, a perda de apoio político também se deveu ao fato de os instrumentos de manutenção da ordem pública caírem maciçamente sobre os pobres e os marginalizados. Enquanto a direita não cansava de se queixar para o parlamento sobre falhas na manutenção da ordem pública do governo republicano, os desempregados e os trabalhadores pobres contavam uma história bem diferente. Em muitas ocasiões notórias, no meio rural e no meio urbano por toda a Espanha, as forças de segurança da República reprimiam violentamente as manifestações de protesto dos trabalhadores, às vezes com vítimas fatais: em Castilblanco, em dezembro de 1931; em Arnedo (Logroño) e Llobregat (província de Barcelona), em janeiro de 1932, e em Casas Viejas (na Andaluzia), em janeiro de 1933. Além desses incidentes fartamente conhecidos, havia a experiência cotidiana de repressão e exclusão. A nova polícia criada pela República promovia o despejo dos que se recusavam a pagar aluguel como estratégia de greve e, atendendo às reclamações de lojistas e das Câmaras de Comércio, expulsavam das ruas os vendedores ambulantes de comida barata para os desempregados e marginalizados. Esse tipo de incidente reforçava as críticas da esquerda radical, principalmente dos anarquistas, de que nada havia mudado, que o parlamento e a reforma legislativa eram uma farsa, de que jamais fariam algo para beneficiar os que nada tinham. Com as reformas bloqueadas em várias regiões, e com a depressão causando prejuízos na Espanha rural e urbana, os conflitos da democracia constitucional começaram a vir à tona. Os republicanos tinham dificuldades para exigir respeito às regras do jogo daqueles que no dia a dia eram excluídos por terem negados seus direitos econômicos e sociais como cidadãos. Direitos que, aliás, supostamente seriam assegurados pela constituição e pela lei.

A situação piorou depois que as divisões dentro da esquerda asseguraram o retorno ao poder de um governo conservador, em novembro de 1933. O compromisso com reformas tornou-se letra morta. As elites procuraram reduzir inclusive as pequenas medidas redistribucionistas que tinham sido promulgadas em todas as localidades espanholas. É nesse contexto explosivo de ódio e frustração ante o retrocesso das reformas que se deve compreender a eclosão de protestos e greves em 1934. Tanto os movimentos da juventude de esquerda e dos jovens católicos conservadores quanto da juventude fascista levaram a política para as ruas das cidades. Não se tratava apenas de uma modificação do espaço da política na Espanha; a mobilização dos jovens por todo o espectro político – em particular, da juventude feminina – estava transformando a própria natureza da política.

As frustrações da esquerda culminaram em uma tentativa de greve geral revolucionária em outubro de 1934, mas a iniciativa perdeu fôlego até em Madri, onde setores radicais da juventude socialista tomaram a liderança. Contudo, a região asturiana das minas de carvão, fortemente atingida pela recessão e com sua história de conflitos trabalhistas, explodiu em uma insurreição armada. Os mineiros resistiram por duas semanas, mas seus vilarejos foram bombardeados pela força aérea espanhola, os povoados litorâneos foram atacados pela marinha, e, por fim, os vales foram dominados pelo exército. Seguiu-se uma dura repressão que se estendeu por toda a região de Astúrias, para onde o general Franco, como chefe *de facto* do ministério da Guerra, enviou tropas de marroquinos e a Legião Estrangeira, temeroso de que os recrutas espanhóis não fossem politicamente confiáveis. As garantias constitucionais foram suspensas em todo o território da Espanha. As consequências disso foram catastróficas na esquerda. Trinta mil pessoas foram presas e muitas delas torturadas. Sedes de partidos e de sindicatos foram fechadas e a imprensa de esquerda silenciada. Destituíram prefeituras socialistas, perseguiram funcionários públicos de ideias liberais ou esquerdistas e, por toda parte, empresários e gerentes aproveitaram para demitir em massa sindicalistas e militantes de esquerda.

Os historiadores costumam citar os acontecimentos de outubro de 1934 como prova de que não se podia esperar que a esquerda espanhola fosse agir de acordo com as regras do jogo democrático. Entretanto, essa avaliação não leva em conta a complexidade dos fatos que conduziram à situação de outubro – muito menos o desrespeito à lei pelo próprio governo conservador na tentativa de frear ou reverter as reformas sociais. Além disso, uma lição óbvia a tirar dos eventos na região de Astúrias é que, na verdade, a esquerda não tinha opção senão lutar pela reforma por meio dos canais parlamentares legais, já que não teria a menor condição de prevalecer em qualquer confronto físico. Pelo menos, era o que demonstravam desde 1931 até mesmo os menores conflitos entre trabalhadores e o Estado. E foi isso que se tornou evidente, depois de 1934, não só aos olhos dos líderes socialistas espanhóis (mesmo àqueles que continuavam a usar uma retórica radical para fins estratégicos), como para um grande número de pessoas comuns que os apoiavam. Essa percepção e a consciência da necessidade da união política das esquerdas deram origem a uma nova coalizão eleitoral das forças progressistas, que acabou vitoriosa nas eleições de fevereiro de 1936 com uma plataforma que defendia rediscutir e aprovar no parlamento os projetos de reformas do período 1931-1933.

Foi nesse momento que os militares intervieram no jogo político. Não para impedir a "revolução", disseram, mas para pôr obstáculos no caminho da reforma constitucional e legislativa que a direita parlamentar não tinha conseguido barrar por meios legais, já que perdera as eleições de fevereiro. Durante a primavera e o verão de 1936, houve uma aproximação entre a direita militar e civil, e também entre os conservadores aristocratas e radicais, enquanto o chefe da Falange prometia lealdade a um golpe militar.

O que poderiam ter feito as forças progressistas de esquerda para neutralizar a situação? Um governo reforçado pelo Partido Socialista teria sido um avanço para o receoso gabinete de republicanos, cujos integrantes pareciam incapazes de agir de modo decidido, ainda que na primavera de 1936 já não fosse segredo para ninguém que um golpe militar estava sendo planejado. No entanto, os socialistas tinham seus problemas específicos: havia profundas divisões políticas dentro do movimento. E, tal como os republicanos, os líderes socialistas, por irônico que pareça, apesar de suas políticas sociais progressistas, não se sentiam confortáveis com a nova orientação de mobilização de massas que a República havia posto em prática.

Os problemas que afligiam a nova democracia espanhola na década de 30 eram complexos e profundos e, por isso mesmo, difíceis de se resolver rapidamente. Se é possível dizer que a República "fracassou" (outro lugar-comum da historiografia), esse fracasso foi muito específico: a República provou-se incapaz de impedir que setores da corporação militar levassem a cabo um golpe de Estado. Não é função dos historiadores envolverem-se em especulações contrafatuais, mas é possível argumentar que as precondições para o êxito do golpe não decorreram das profundas tensões que marcavam a Espanha, e sim do fracasso da coalizão republicano-socialista em executar as reformas políticas essenciais do período 1931-1933; principalmente, do fracasso na desmilitarização da ordem pública. Mas, como os historiadores também sabem, a única vantagem do olhar retrospectivo é a perigosa ilusão de obter uma visão perfeita dos fatos.

Todos os que apoiaram os militares rebeldes compartilhavam o temor dos rumos que as mudanças estavam tomando – fossem esses temores de natureza material ou psicológica (perda de riqueza, de prestígio profissional, de

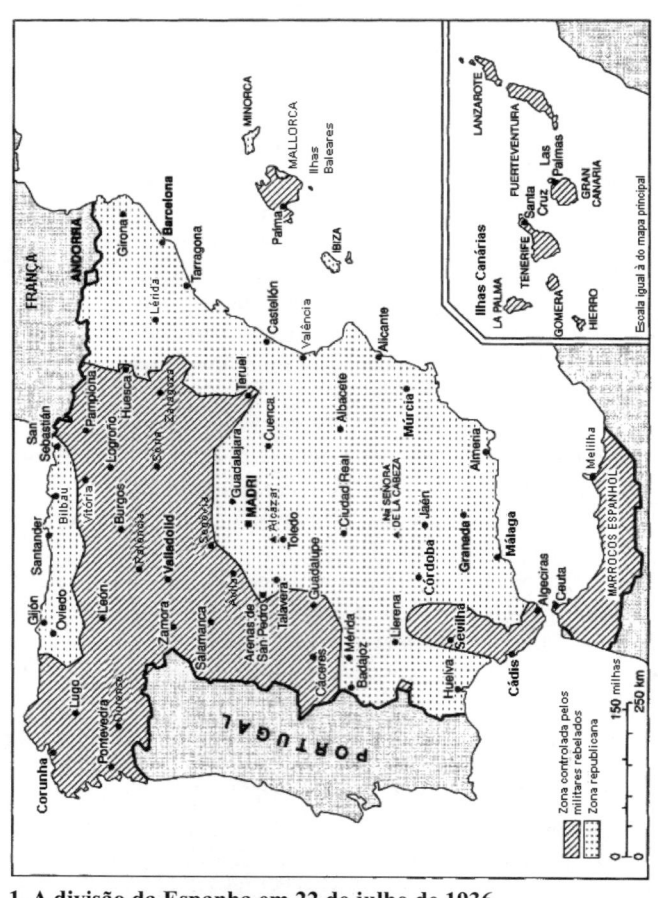

1. A divisão da Espanha em 22 de julho de 1936.

hierarquias sociais e políticas estabelecidas, de certezas religiosas ou de gênero). A Espanha dos anos 1930 conviveu com uma série de guerras entre culturas que teriam um papel relevante no período da guerra civil. Como em todos os conflitos de natureza cultural, a forma como as pessoas mitificaram seus medos gerou violência.

O que permitiu que tudo isso ocorresse foi o golpe militar. Seu ato original de violência foi matar a possibilidade de outras formas de evolução política pacífica. A rebelião militar impôs as frentes de combate, mas seu significado não foi determinado no dia 18 de julho de 1936. O significado da guerra seria dado por seus protagonistas políticos e suas vítimas; seus soldados voluntários e recrutados, as mulheres que trabalharam nas indústrias de guerra e os que fugiram do serviço militar, pelos refugiados, em suma, por todos aqueles que participaram e suportaram os três anos de conflito.

O mecanismo do golpe deu ao levante de julho contra a democracia de massas um verniz político tradicional. No entanto, a missão quase darwinista social dos militares rebelados, criados no Norte da África, de conquistar e purificar a Espanha metropolitana – tema do próximo capítulo – indicava algo novo e muito violento, como também o fizera a aproximação entre o "pelotão de soldados" e o fascismo espanhol. Em um extremo paradoxo, a modernidade do golpe de julho também se inscreveu na declaração pública dos rebeldes no momento de seu levante. Eles justificaram a ação como um gesto de apoio à sociedade espanhola em seu conjunto. Ou seja, a linguagem que eles mesmos usaram reconhecia, inadvertidamente, a profundidade da mudança social e política pós-iluminista que pretendiam reverter na Espanha.

## Capítulo 2

# Rebelião, revolução e repressão

> Toda época permanece na memória das futuras gerações. Mas também é verdade que cada época possui sua lógica interna, seus próprios elementos constitutivos.
>
> (J. Ugarte Tellería, *La nueva Covadonga insurgente*)

O golpe militar contra a República começou no dia 17 de julho de 1936 entre oficiais do exército colonial sediado no Marrocos, no Norte da África. Um dia depois, a rebelião espalhou-se para a Espanha continental na forma de sublevações de tropas das províncias. O golpe foi ao mesmo tempo um fracasso e um sucesso; fracassou na tentativa de tomar o país inteiro de maneira repentina e certeira, o que, aliás, era a intenção inicial dos rebeldes, mas foi bem-sucedido na paralisação do regime republicano e, fundamentalmente, privou-o dos meios para organizar uma resistência rápida e eficaz. A rebelião destroçou a estrutura de comando do exército, deixando o governo de Madri sem tropas e sem saber em quais oficiais podia confiar. O colapso simultâneo da polícia completou o quadro de graves problemas, criando um vácuo de autoridade na maioria das áreas republicanas que não teve paralelo na zona rebelde, onde os militares assumiram o controle desde o princípio. Apesar do colapso do regime, no entanto, a parcela da polícia que permaneceu leal uniu-se às milícias operárias formadas pelos sindicatos e pelos partidos de esquerda para enfrentar a situação de emergência; juntas conseguiram sufocar as guarnições insurretas na maior parte da Espanha urbana industrial.

A divisão inicial do território espanhol entre a República e os militares rebeldes (Figura 1) refletia a geografia política do país. De maneira geral, a rebelião tendeu a fracassar nas áreas em que havia forte apoio às reformas republicanas e a um programa político progressista. Assim, os centros urbanos de alta concentração de trabalhadores orga-

**2. Soldados rebeldes entrando em uma cidade do Sul da Espanha na primeira etapa da guerra civil. Os meninos que se juntam ao desfile carregam a imagem do Sagrado Coração de Jesus, antigo símbolo religioso que agora é usado para uma nova forma de mobilização conservadora de massas.**

nizados em movimentos operários apoiavam principalmente a República, com algumas exceções, notadamente Sevilha, no Sudoeste, onde o general Queipo de Llano direcionou o grosso de suas tropas, cerca de 5,8 mil soldados, contra o movimento operário da cidade. Em outras áreas do Sul profundo, a presença de milhares de camponeses sem terra foi um empecilho para o sucesso do golpe, enquanto na região costeira do Nordeste as províncias da Catalunha e Valência, com seu passado associativo e forte sentimento anticentralista, permaneceram republicanas durante toda a guerra.

Em geral, as áreas que passaram de imediato ao controle dos militares rebelados foram as que haviam elegido maiorias conservadoras nas eleições de fevereiro de 1936 – ou seja, o Centro-Norte e o Noroeste da Espanha, onde predominava o pequeno campesinato proprietário. Nessas regiões, parcela significativa do apoio popular ao golpe provinha do campesinato e das classes médias conservadoras provincianas, hostis ao programa de secularização da República. (O caso do País Basco, no Norte da Espanha, era excepcional, porque lá o forte apoio a um projeto nacionalista que defendia a autonomia política alinhou até mesmo os conservadores contra os militares rebeldes ultracentralistas.)

A lógica da geografia política anterior à guerra não explica por completo a disposição territorial que surgiu após o 18 de julho. Nenhuma região da Espanha era total e homogeneamente conservadora. Mesmo nos lugares onde os rebeldes militares tinham mais apoio popular, tiveram de reprimir com violência alguns setores civis que ofereceram resistência; foi o que aconteceu com os trabalhadores portuários da cidade de Vigo, na Galícia. A repressão sangrenta também foi usada como força coercitiva de modo mais geral. Nas aldeias e pequenos povoados, por exemplo, as pessoas que tinham demonstrado alguma simpatia pela República se viram obrigadas de imediato a se alinharem publicamente com as novas autoridades militares para proteger suas famílias, mesmo que tivessem de trair amigos e lealdades pessoais. O filme *A língua das mariposas* (1999), baseado em um conto do escritor galego Manuel Rivas, narra um terrível exemplo desse fenômeno. Um menino é obrigado pela mãe a participar da prisão e humilhação pública de seu querido professor republicano com o objetivo de desviar a atenção sobre o passado de livre-pensador do próprio pai. O filme ilustra os complexos e contraditórios motivos que muitas vezes estavam por trás das escolhas aparentemente dicotômicas das pessoas após a rebelião. Na verdade, esse reducionismo forçoso, a obrigação de "escolher um lado", é o primeiro e mais duradouro ato de violência do golpe militar.

Para viabilizar o golpe, os militares rebeldes também tiveram de afastar, e não raro matar, um número considerável de altos oficiais do exército que se recusavam a apoiá-los. Em parte por esse motivo, os rebeldes enfrentaram certo nível de desarticulação dentro da corporação – pois um exército fragmentado era uma faca de dois gumes. E a falta de uma força combatente integrada não podia ser compensada pela rápida mobilização das milícias direitistas dos carlistas e falangistas.

A divisão da Espanha que resultou do golpe fracassado parecia, a princípio, favorecer a República. Manteve-se a capital em Madri, que se situava no coração da rede de comunicações do país e, além disso, guardava suas reservas de ouro. Dominando a maior parte dos grandes centros urbanos, a República também controlava a indústria. Para os rebeldes, o tempo era vital; se não conseguissem impulsionar e ampliar rapidamente suas forças, a República conseguiria reagrupar as dela e, com isso, sufocar as guarnições militares sublevadas.

Foi nesse momento – uns sete dias depois do começo do golpe – que, pela primeira vez, a intervenção internacional se tornou um fator de peso no conflito. Ante a perspectiva de uma derrota, os militares rebeldes pediram a Hitler e a Mussolini planos para transportar para a Espanha suas tropas de assalto, a Legião Estrangeira e o Exército da África, através do Estreito de Gibraltar. (O Estreito estava provisoriamente bloqueado pela marinha da República, que havia se amotinado contra os comandantes favoráveis aos rebeldes.) Nesse primeiro ato de intervenção internacional, que também foi a primeira ponte área de militares na história da guerra moderna, as potências fascistas da Europa facilitaram o acesso dos rebeldes espanhóis ao seu exército, permitindo-lhes começar uma guerra em grande escala contra a República. Hitler e Mussolini aceitaram intervir ao mesmo tempo, mas cada um tomou a decisão de modo independente. Nem um nem outro pretendia envolver-se em uma guerra prolongada e, na verdade, a oferta de aviões tinha justamente a intenção de facilitar uma rápida vitória dos rebeldes. Isso garantiria a amizade da Espanha e, portanto, convinha aos interesses estratégicos de ambos.

No entanto, as coisas não saíram conforme o planejado – em virtude, principalmente, da resistência republicana. Foi um fenômeno em boa parte impulsionado pelo desejo popular de proteger as conquistas sociais e econômicas associadas à República. Do mesmo modo, havia um grande desejo de acelerar essas conquistas em uma nova ordem revolucionária. Essa transformação tornou-se possível, pelo menos durante certo tempo, em cerca de dois terços da Espanha que a República havia conservado justamente porque o golpe havia induzido ao desmoronamento do regime. O poder do governo não ultrapassava a capital, Madri. As funções normais de governança estavam suspensas; a paralisia da polícia e do exército contribuía para o enorme ímpeto do localismo. Não poderia ter sido diferente em um país ainda marcado pela falta de estrutura em virtude de um desenvolvimento econômico desigual, onde as lealdades continuavam referidas à comunidade imediata (*la patria chica*), como unidade vital de experiência. Em alguns lugares, cada povoado fez a própria revolução e organizou a vida independente dos demais. A escritora norte-americana Gamel Woolsey vivia em um pequeno povoado perto da cidade sulista de Málaga quando a guerra estourou. Em seu diário, Woosley escreveu que o isolamento parecia muito bom para seus moradores, que desconfiavam de todos os "estrangeiros", isto é, todos os espanhóis que não tinham nascido no lugar e para os quais a própria cidade de Málaga parecia tão distante social e culturalmente quanto Madri ou Barcelona.

Para muitas milícias operárias – em Málaga, Madri ou Barcelona –, essa explosão centrífuga foi um acontecimento positivo, porque o Estado ainda tinha conotações fortemente negativas para os trabalhadores rurais e para os pobres em geral: serviço militar obrigatório, impostos indiretos e perseguição diária, principalmente para os sindicalizados. Assim, para muitos trabalhadores espanhóis, a resistência aos militares rebelados também se dirigia inicialmente "contra o Estado", e estava ligada à construção de uma nova ordem social e política, geralmente em conformidade com linhas econômicas radicais e anticapitalistas (não raro com a abolição do dinheiro). No Nordeste urbano e rural da Espanha (Barcelona e Aragão), e em áreas do Sul controladas pelos republicanos, a indústria e a agricultura foram coletivizadas, enquanto comissões sindicais e partidos organizaram a defesa e se empenharam em atender às necessidades do seu bairro ou aldeia.

Fora dos povoados e cidades maiores, o sectarismo político entre as organizações de esquerda tampouco era muito evidente. Do contrário, teria sido inconcebível que um membro da CNT de uma aldeia da província de Valência tivesse batizado sua filha com o nome de Stalin. Essa ausência de sectarismo indica que, no começo da guerra, as organizações políticas da esquerda tinham uma presença organizacional bastante tênue fora dos principais centros urbanos. Mesmo depois que a situação mudou, no decorrer da guerra, o aparecimento de divisões sectárias muitas vezes deveu-se mais à aplicação de novos rótulos a antigas disputas locais, ou de tensões específicas decorrentes das dificuldades materiais da guerra, do que a uma razão estritamente ideológica. No entanto, as novas estruturas coletivas e cooperativas que surgiram no verão de 1936 constituíram, de fato, uma tentativa de resolver conflitos sociais e políticos centrais no período republicano anterior à guerra (1931-1936). Nesse processo, alterou-se o equilíbrio do poder político, social e econômico em muitas comunidades.

Essa mudança também foi provocada de maneira bem mais ameaçadora por uma onda de violência. A ausência de força policial ou de poder judiciário atuantes no território republicano durante as primeiras semanas após o golpe, aliada às anistias *de facto* que esvaziaram as prisões, permitiram tirar a limpo toda sorte de pendengas pessoais e perpetrar atos manifestamente delituosos sob a camuflagem da justiça revolucionária. Com a intensificação da guerra ao longo de seus oito primeiros meses, a aterradora experiência de bombardeios aéreos, rumores de matança geral e outras atrocidades cometidas no território rebelde desencadearam atos de violência na Espanha republicana.

Contudo, era possível discernir na violência praticada por pessoas comuns em territórios republicanos logo após o levante militar uma clara dimensão simbólica. O que as instigava era a raiva contra o que entendiam ser uma tentativa dos rebeldes de atrasar o relógio do tempo à força para ajustá-lo à ordem do antigo regime. A violência vingativa voltou-se contra as fontes e pilares do antigo poder – fossem eles materiais (destruindo registros e cadastros de propriedades) ou humanos (o assassinato ou o tratamento brutal de sacerdotes, guardas civis, policiais, patrões e oficiais de justiça). Havia, portanto, uma clara ligação entre a violência posterior ao golpe e os conflitos anteriores à guerra; por exemplo, no bloqueio da legislação sobre as reformas agrária e trabalhista, na demissão de trabalhadores depois das greves gerais de 1934 ou nos conflitos (outro resultado da não implantação das reformas sociais e trabalhistas) após as eleições de fevereiro de 1936.

A violência enveredou não raro por formas altamente ritualizadas, teatrais, o que também sugere a presença de outros fatores. Em primeiro lugar e acima de tudo, a violência continha uma carga simbólica: as pessoas não estavam simplesmente matando ou humilhando seres humanos inimigos, e sim atacando as temidas e opressivas fontes de poder e autoridade que as vítimas individuais lhes pareciam encarnar. Essa é uma parte da explicação do motivo pelo qual empresários "benevolentes" ou sacerdotes "bons" se tornaram alvos de ações violentas. O exemplo mais conhecido, sem dúvida, embora longe de ser o único, de assassinato simbólico na Espanha republicana foi a violência anticlerical que atingiu uma escala sem precedentes e tirou a vida de cerca de 7 mil religiosos, na maioria homens. Padres e monges foram mortos porque eram vistos como representantes de uma Igreja opressiva e historicamente associada aos ricos e poderosos, cuja hierarquia apoiara a rebelião militar. Leigos também foram vítimas algumas vezes da ira anticlerical. Uma testemunha declarou, por exemplo, que o campaneiro e o sacristão faziam parte de um mundo velho que tinha de ser exterminado. O paradoxo de haver um componente intrinsecamente religioso na violência anticlerical não era menor na Espanha que em outros países. Os atos dessacralizadores –

destruição de igrejas ou seu uso para atividades profanas, violação dos túmulos de religiosos – são expressivos do poder ainda conferido à religião e à Igreja pelos profanadores.

Olhando para o passado, pouco resta por explicar sobre impulso à violência no território republicano. Mas o fato de esse impulso ter existido maculou seriamente a credibilidade da República no exterior justo no momento em que era preciso convocar apoio externo para enfrentar o crescente desafio da rebelião militar. Para os dirigentes republicanos e socialistas que haviam fundado a legitimidade da República na defesa das formas constitucionais e do Estado de direito, saber que não puderam impedir os assassinatos extrajudiciais teve um efeito devastador. (Embora se soubesse de muitos casos de dirigentes políticos que intervieram para salvar vidas.) Foi a determinação desses líderes para pôr fim à violência descontrolada que forneceu um poderoso impulso ético à proposta de restaurar a autoridade do governo central frente à fragmentação induzida pelo golpe.

Os rebeldes, por seu turno, justificaram publicamente o golpe de Estado como uma ação preventiva à revolução violenta da esquerda. Olhando novamente para o passado, pode-se ver, porém, que a rebelião militar é que criou as condições para a violência em grande escala, e não só no território republicano. Nos dias e semanas que se seguiram ao golpe de julho, houve declarações públicas das elites civis nas zonas rebeladas – chefes da Falange, pessoas ligadas ao partido católico de massas, a CEDA, ou latifundiários monarquistas, ou ainda empresários e clérigos. As declarações foram independentes entre si e das autoridades militares, mas com notável semelhança. A mensagem era que a Espanha precisava ser depurada ou purificada. Falavam inclusive, às vezes, da necessidade de um sacrifício de sangue. Esse tipo de sentimento desencadeou uma repressão selvagem desde o início, em todos os lugares, inclusive em muitas áreas controladas pelos revoltosos desde o começo, onde não se podia falar de resistência armada ou política, nem front, nem tropas avançando ou recuando, nem "guerra" no sentido convencional da palavra. Apesar disso, na cabeça dos repressores, havia uma guerra de culturas. O golpe sancionara sua liberação e com isso abriu caminho para assassinatos em massa.

O impulso para matar na zona rebelde era ainda mais forte do que no território republicano devido a um modo de pensar maniqueísta historicamente associado a determinadas formas de prática e cultura católicas. Na zona rebelada, os que matavam achavam que tinham motivações completamente diferentes das do "inimigo" republicano. Mas a força motora da violência era igualmente a aniquilação do outro. Enquanto no território republicano o objetivo de algumas pessoas era a utopia de uma idade de ouro – matar como meio de fazer *tabula rasa* e com ela chegar a um feliz mundo novo –, nas áreas rebeladas matar era entendido como um ato de limpeza destinado a livrar a comunidade de fontes de "poluição" e de supostos perigos.

Pessoas de todas as idades e condições sociais foram vítimas dessa "limpeza". Pesava sobre todas elas a percepção de serem representantes das mudanças provocadas pela República; e isso não dizia respeito apenas aos ocupantes de cargos políticos, embora os deputados ou prefeitos ligados aos partidos republicanos e de esquerda fossem os principais alvos do extermínio, quando capturados. Tampouco se limitava a matança aos que tinham sido materialmente beneficiados pelas reformas redistribucionistas da República, embora milhares de operários urbanos, arrendatários e trabalhadores rurais tenham sido assassinados. A "limpeza" incluiu ainda pessoas que simbolizavam a mudança cultural e que supostamente representavam uma ameaça aos antigos modos de ser e de pensar: professores progressistas, intelectuais, operários autodidatas, as "novas" mulheres. A violência na zona rebelde convergiu para os diferentes, do ponto de vista social, cultural e sexual.

Foram assassinados, em Zamora, Amparo Barayón, esposa do romancista republicano Ramón Sender, cujo espírito independente foi considerado um "pecado" para as normas tradicionais de gênero; em Granada, o poeta Federico García Lorca, morto por suas ideias políticas e por sua sexualidade; além de milhares de outros espanhóis menos conhecidos, como Pilar Espinosa, de Candeleda, em Ávila, levada por um grupo de falangistas porque era leitora do jornal do Partido Socialista e por "*tener ideas*", em uma época em que ter ideias próprias era duplamente repreensível em uma mulher.

Os responsáveis pelos assassinatos na zona controlada pelos rebeldes durante os primeiros meses pertenciam quase sempre a grupos paramilitares. O que se passou, portanto, foi uma matança de civis por outros civis. Tratava-se geralmente

**3. Amparo Barayón, fotografada usando a moda dos anos 20, foi vítima de execução extrajudicial na zona rebelde. As forças franquistas consideravam sua guerra como uma cruzada contra a mudança social e cultural.**

de esquadrões da morte que sequestravam pessoas em suas casas ou as retiravam das prisões. Na maioria dos casos, os assassinos eram ligados a organizações políticas de direita que haviam apoiado o golpe, sobretudo da Falange fascista. As autoridades militares não fizeram esforço algum para pôr fim a esse terror. A verdade é que muitas vezes os assassinos agiam com a conivência das autoridades; não fosse assim os esquadrões da morte que foram buscar Amparo Barayón e milhares de seus compatriotas jamais teriam conseguido tirar suas vítimas de dentro das cadeias a seu bel-prazer.

Esses fatos indicam a assimetria fundamental entre a violência que ocorria na zona republicana e na zona rebelada. As autoridades militares tinham recursos para conter a violência, pois em suas áreas de controle não houvera falência da polícia ou da ordem pública. Mas decidiram não empregá-los. As razões dessa decisão revelam muito sobre a dinâmica política que tomava forma na Espanha rebelada. É evidente que os militares não estavam preocupados com a inconstitucionalidade do assassinato extrajudicial *per se*. Para os que haviam se rebelado contra a República, a constitucionalidade e a linguagem dos direitos eram o problema, não a solução. E mais, as pessoas eliminadas pelos grupos paramilitares faziam parte do mesmo "problema", pois os militares também falavam a linguagem da "purificação". Vínculos locais, laços de amizade – inclusive de família – também uniam os militares aos grupos paramilitares. Mas o terror era visto, acima de tudo, como a primeira fase da reinstalação crucial da "ordem". Em primeiro lugar, pretendia-se ensinar aos que haviam acreditado na República como um meio de mudança que suas aspirações teriam sempre um custo alto demais. Por isso, a violência era um modo de sacudir a sociedade enquanto se bloqueava a redistribuição do poder econômico e social anunciado pela República. Em segundo lugar, embora a intenção não fosse necessariamente consciente, criou-se uma cumplicidade decisiva entre as autoridades insurretas e os setores da população que participaram ou foram coniventes com a repressão de seus amigos, vizinhos e familiares. Essa cumplicidade começou a estabelecer os alicerces, de baixo para cima, de uma nova ordem social e de um novo Estado produto da sublevação.

Outro aspecto vital para a extensão do controle militar foi o modo como a repressão destruiu o conceito de "lar" ou de "terra natal" como espaço seguro. Quando o golpe eclodiu, havia uma crença firme entre os que se sentiram ameaçados de que se pudessem regressar ao seu lugar de origem, sua aldeia, sua *patria chica*, estariam a salvo das consequências mórbidas das divisões políticas nacionais. Muitas vítimas dos assassinatos extrajudiciais que ocorreram no território rebelde, anônimos ou famosos, morreram justamente por terem voltado para sua terra natal. Só quando chegaram lá é que descobriram que seu "lar" não existia mais: a violência original do golpe significou que nada poderia existir fora do brutal maniqueísmo político imposto.

A natureza do projeto dos militares rebeldes revelou-se claramente quando o Exército da África desembarcou no sul da Espanha em fins de julho de 1936. Essa força militar terrestre era formada pelos soldados profissionais da Legião Estrangeira e de uma tropa de combate de mercenários marroquinos sob o comando de oficiais espanhóis de carreira (os *africanistas*), liderados pelo general Francisco Franco. Operários e demais defensores civis não tinham recursos adequados para resistir-lhes. Durante os meses de agosto e setembro de 1936, as forças de Franco arrasaram o Sul da Espanha no caminho até a capital, Madri. A repressão intensificou-se no rastro das tropas rebeladas; a estratégia do exército foi matar e aterrorizar a população pró-republicana, especialmente os camponeses sem-terra, já que essa primeira fase da guerra civil no Sul fazia parte da "solução" dos conflitos anteriores – uma guerra de contrarreforma agrária que transformou Andaluzia e Extremadura em campos de matança. Latifundiários aliaram-se ao Exército da África para reclamar pela força das armas a terra na qual a República havia assentado os camponeses sem posses. Trabalhadores rurais eram assassinados onde quer que fossem apanhados, e corria a piada de que eles, afinal, tinham conseguido sua "reforma agrária": a cova em que eram enterrados.

Nas aldeias do Sul rebelado, houve tortura e brutalidade sistemática; mulheres foram vítimas de estupro e tiveram suas cabeças raspadas, e assassinatos em massa de homens e mulheres foram praticados após a conquista por parte do Exército da África. Em alguns casos, aldeias inteiras foram varridas do mapa pela repressão. A guerra desenvolvia-se como se fosse uma campanha colonial contra populações indígenas insubordinadas. A aristocracia latifundiária, cujos membros muitas vezes eram pais e irmãos mais velhos dos africanistas, considerava os trabalhadores rurais quase como escravos, destituídos de humanidade ou de direitos. Apesar de suas origens modestas no Norte da Espanha, Franco fizera carreira militar na brutal guerra colonial do Norte da África, onde passou dez anos e meio. Muito tempo antes dos italianos na Etiópia (embora não antes dos ingleses na Mesopotâmia), a Espanha utilizara gases venenosos, de fabricação alemã, contra a população colonial do Marrocos. As frequentes solicitações de Franco para que a Itália lhe fornecesse armas químicas, em 1936 e 1937, mesmo que considerações estratégicas posteriores acabassem por excluir seu uso, refletiam sua experiência anterior no Norte da África.

Mais tarde, Franco declarou que sua experiência na África lhe permitira realizar a "salvação" da Espanha em 1936: "Sem a África, não posso explicar-me a mim mesmo ou aos meus camaradas de armas". Em uma carta que escreveu em 11 de agosto de 1936 ao general Mola, comandante das forças do Norte, Franco acentuou a necessidade de aniquilar toda resistência nas "zonas ocupadas". Esse comentário condensava não só o credo político de Franco como o de todo um setor da oficialidade conservadora. O país fora "ocupado" por ideias e formas estrangeiras de organização social que ameaçavam a unidade, a hierarquia e a homogeneidade cultural da "Espanha", valores em que eles acreditavam e tinham o dever de defender. No dia 27 de julho, Franco foi entrevistado pelo jornalista norte-americano Jay Allen, cuja reportagem três semanas depois a respeito do massacre dos defensores republicanos da cidade sulista de Badajoz levou a guerra espanhola às primeiras páginas dos jornais de toda a Europa e Estados Unidos. Nessa entrevista, Franco ignorou as perguntas do repórter sobre o nível de resistência encontrado pelos insurgentes e declarou: "Vou salvar a Espanha do marxismo custe o que custar". Ante a insistência de Allen, que perguntou: "E se isso significar fuzilar metade da Espanha?", Franco respondeu: "Já disse, custe o que custar". O desdém dos insurgentes pela política constitucional, sua disposição a recorrer a execuções em massa e ao terror durante toda a guerra fizeram com que, ao contrário dos republicanos, eles jamais tivessem de enfrentar o dilema de lidar com o "inimigo interno". Apesar disso, os militares apenas foram contestados pela grande imprensa fora da Espanha. Entre as razões, a mais poderosa foi a legitimação que a Igreja Católica proporcionou ao golpe.

A crença intransigente dos rebelados na necessidade de livrar a sociedade de agentes políticos e culturais "poluidores" reforçou desde o começo o apoio popular aos rebeldes por parte da hierarquia da Igreja espanhola, o que rapidamente conduziu a apresentar o esforço de guerra como uma cruzada. Coligido primeiramente em uma pastoral editada no fim de setembro de 1936, o *imprimatur* da Igreja sancionou o golpe aos olhos dos setores conservadores da Europa e de outros lugares, e representou, portanto, um valiosíssimo recurso de propaganda. No entanto, a aprovação da Igreja não deixava de ter problemas com os insurretos; o menor deles era a enorme e evidente contradição de uma cruzada católica cujas tropas da linha de frente era formada por mercenários islâmicos. Porta-vozes dos militares e da Igreja se desmancharam em elogios líricos acerca dos serviços de "limpeza" proporcionados pelos soldados africanos, encobrindo o próprio racismo sob a imagem dessas tropas como participantes de um grande empreendimento imperial de natureza essencialmente "cristã". Isso levou a incríveis malabarismos nos discursos dos jornalistas que acompanharam o Exército da África durante sua marcha através do Sul:

> [...] na hora da libertação [do sítio de Toledo em setembro de 1936] mulheres de Castela receberam de mãos africanas um pão branco como a Eucaristia [...] [a guerra] foi uma empreitada mudéjar contra as hordas asiáticas.

A questão do racismo, no entanto, só viria à superfície política enquanto a guerra durou. A esquerda espanhola nunca elaborara um discurso anticolonialista. Sua oposição à guerra do Marrocos sempre se baseara mais na defesa dos direitos dos trabalhadores espanhóis (como os soldados que morriam nessas campanhas) do que nas injustiças da colonização. A verdade é que as atitudes dos republicanos com os soldados marroquinos de Franco, que eles compreensivelmente temiam, não eram menos racistas que as dos próprios militares rebelados. Tampouco durante a guerra civil a República foi capaz de elaborar uma estratégia anticolonialista bem-sucedida. A manifestação de certa simpatia política pelo nacionalismo marroquino embrionário talvez tivesse ajudado a restringir o suprimento de tropas ao general Franco. Entretanto, essa iniciativa nunca foi pensada seriamente por medo de incomodar a França e a Grã-Bretanha, antigas potências coloniais em cujo apoio os republicanos tinham depositado suas esperanças – principalmente depois que a dimensão da ajuda da Alemanha nazista e da Itália fascista aos militares rebeldes se tornou patente.

A ajuda – principalmente em aviões e tanques – garantiu ao Exército da África um progresso rápido desde o sul. Esse cenário – o apoio técnico fascista, uma força combatente profissional e as subsequentes vitórias militares – explica a crescente proeminência de Franco. O chefe da rebelião, o general Emilio Mola, cuja campanha havia estacionado nas montanhas do norte de Madri, não havia se distinguido por suas vitórias. As mortes de vários outros chefes militares que tinham participado da conspiração também tiraram do caminho possíveis rivais. Nessa etapa, Franco continuava a ser o primeiro entre iguais, mais do que um líder de destaque. Sua ascensão posterior, conforme veremos, foi produto de um planejamento cuidadoso de seus assessores, baseado na sagacidade do general para a percepção de oportunidades políticas estratégicas. Contudo, o que permitiu a Franco tirar partido dessas oportunidades foi seu sucesso espetacular no Sul.

O Exército da África parecia invencível. Isso não é de surpreender, pois ele não enfrentava uma força de "milícias", conforme se costuma dizer, mas uma população civil armada com qualquer coisa que lhe caísse nas mãos, que lutava em campo aberto contra soldados, artilharia e bombardeios alemães e italianos. Cada vez que o exército rebelde tomava um povoado, cometiam-se atrocidades. Os corpos das vítimas ficavam durante dias nas ruas para aterrorizar os habitantes e logo eram amontoados nos cemitérios para serem queimados sem ritos funerários. À medida que os relatos desses fatos aumentavam, bastava o boato de uma ameaça de ataque para que os republicanos fugissem, abandonando as armas no meio do caminho. Em 3 de setembro de 1936, os rebeldes tomaram Talavera de la Reina, a última cidade importante que os separava da capital, Madri. Em um mês eles tinham avançado quase quinhentos quilômetros. Uma grande leva de refugiados dirigiu-se para o norte antes da chegada do exército de Franco. Milhares de operários espanhóis haviam empenhado suas energias e em muitos casos sacrificado a vida para alcançar as transformações sociais da coletivização no Sul republicano e em outros lugares. Entretanto, essas iniciativas radicais continuavam sendo locais e fragmentárias. Enquanto o inimigo era "local" – quer dizer, os soldados das guarnições de província ou (às vezes) a polícia do lugar –, isso não tinha importância. Mas quando a intervenção alemã e italiana transformou a natureza do conflito, transportando para a Espanha um exército profissional, os republicanos foram forçados a repensar sua estratégia de resistência. A lição foi paga com o sangue de milhares de homens e mulheres que lutaram e morreram no Sul. Para que a República pudesse resistir às forças sublevadas em uma guerra moderna e mecanizada com o respaldo alemão e italiano, seria necessário construir um exército e mobilizar toda a população para a guerra – algo sem precedentes na experiência espanhola. O ímpeto revolucionário da classe operária politicamente consciente e organizada já não era suficiente como fora antes, no período dos combates de rua contra as tropas rebeldes. Agora havia de juntar todo mundo: os setores da população não mobilizados, os setores de classe média e, especialmente, as mulheres, a fim de organizar um esforço moderno de guerra. De outro modo, a República não sobreviveria.

## Capítulo 3

# Mobilizar para sobreviver: a República em guerra

> Nossa modesta tarefa [...] é organizar o Apocalipse.
> (André Malraux, *L'Espoir*)

A rápida mobilização dos recursos humanos e materiais da República passou a ser duplamente decisiva em virtude do isolamento internacional do regime. Quando ocorreu o golpe, o governo republicano tentou imediatamente (em 19 de julho) obter ajuda das democracias ocidentais, Grã Bretanha e França, mas esbarrou na hostilidade britânica e na relutância francesa (após uma oferta inicial de auxílio). Em vez de ajudar, os dois países propuseram, e firmaram, um tratado de não intervenção, em agosto de 1936, proibindo que governos e empresas privadas dos países signatários enviassem material bélico à Espanha. Alemanha e Itália assinaram o tratado, embora continuassem ajudando os militares insurretos sem quaisquer obstáculos. A não intervenção, portanto, só foi aplicada contra a República, e assim continuou durante toda a guerra civil.

Quando os políticos britânicos tomaram conhecimento do golpe militar, sua preferência inclinou-se por uma vitória rápida dos golpistas, muito conveniente a dois dos seus objetivos principais. O primeiro era evitar que a guerra na Espanha se generalizasse em um conflito europeu, obrigando a Inglaterra a defender seus interesses imperiais em três frentes simultaneamente – contra a Alemanha, a Itália e o Japão –, o que extrapolava seus recursos militares e, por isso mesmo, devia ser evitado a todo custo. Em segundo lugar, uma vitória da rebelião seria a melhor defesa do capital e da propriedade privada na Espanha, inclusive dos substanciais investimentos britânicos no país. O fervor popular que se seguiu à vitória da coalizão reformista nas eleições de fevereiro de 1936 levou alguns diplomatas e ministros britânicos (em um governo predominantemente conservador) a comparar o governo republicano espanhol ao de Kerensky às vésperas da revolução bolchevique na Rússia, em fevereiro de 1917. Mas as duas situações não eram estruturalmente comparáveis, e os temores de uma iminente revolução social na Espanha (especialmente de uma nacionalização dos bens britânicos) eram infundados. Na realidade, a hostilidade do *establishment* britânico à Segunda República era muito anterior à "primavera quente" de 1936; havia começado com a instalação do regime em abril de 1931. A elite dirigente britânica tinha relações com a Espanha conservadora por laços de classe, política, comércio e amizade. Sua oposição ao programa de reformas sociais da República evidenciava-se no menosprezo esnobe pela nova classe política espanhola; logo essa hostilidade foi justificada publicamente pela violência anticlerical que irrompeu em alguns lugares do território republicano após o golpe. O preconceito político e social cegou observadores britânicos oficiais a um fato óbvio: se não tivesse havido uma rebelião militar, não teria havido execuções extrajudiciais contra clérigos ou quaisquer outros. Afinal, o golpe é que causara o colapso temporário da ordem pública na Espanha republicana. Ao mesmo tempo, as autoridades britânicas conseguiram dissimular completamente os assassinatos em massa nas áreas rebeladas. Mesmo quando os admitiam, tratavam-nos como fatos desagradáveis e infortunados, mas que poderiam ter efeitos eugênicos pois permitiriam a Franco, "o general cortês", restabelecer a "ordem".

Na semana seguinte ao golpe, a Grã-Bretanha obstruiu a defesa da República negando a sua frota o direito de reabastecer-se em Gibraltar ou Tanger. Do mesmo modo, fizeram vista grossa para a intervenção inicial e decisiva da Alemanha e da Itália, porque Hitler e Mussolini tinham seus olhos pregados na reação britânica. Se os ingleses tivessem reagido negativamente, é claro que as duas ditaduras teriam se recusado a intervir com tanta generosidade, ou mesmo se retirado, pois nem Itália nem Alemanha estavam preparadas para um confronto militar com a Grã-Bretanha.

Entretanto, uma vez que o governo britânico se manteve à margem, a França também recuou de sua promessa inicial de enviar equipamento bélico para a República. O sentimento de vulnerabilidade, acrescido do fato de que a França passara a ter fronteira com duas potências fascistas, tornou-a extremamente temerosa de um isolamento diplomático da Grã-Bretanha. Além disso, o primeiro-ministro francês, o socialista Léon Blum, também percebera que a hostilidade contra a Espanha republicana por parte dos setores mais conservadores de seu novo gabinete poderia arruinar suas possibilidades de pôr em prática uma reforma social na França, caso insistisse na questão da ajuda militar. Dadas as dificuldades da França e a indiferença da Grã-Bretanha, a República espanhola se viu reduzida em agosto e setembro a juntar armas, peça por peça, por intermédio de compradores – um processo tão oneroso e desperdiçador quanto ineficaz.

Já os militares rebeldes não tiveram de enfrentar esse tipo de dificuldade devido à ajuda fornecida pelos governos da Alemanha e da Itália. A generosidade de Hitler e de Mussolini tinha motivações sobretudo estratégicas. Ao apoiar os rebeldes, procuravam apagar a imagem da República e assim eliminar o perigo de um bloco liberal de esquerda franco-espanhol que tolhesse os objetivos da política externa expansionista de ambos. A ideologia também teve um papel a desempenhar. No entanto, o discurso anticomunista adotado pelos ditadores fascistas para justificar sua intervenção na Espanha continha ademais uma função estratégica: permitia-lhes neutralizar a oposição britânica ao aumento de sua participação. O êxito dessa estratégia ao longo da guerra viria a surpreender até mesmo os líderes nazistas e fascistas. Eles não entendiam por que a Grã-Bretanha decidiu não reagir ao seu jogo estratégico implícito: o enfraquecimento da França e da Grã-Bretanha como potências imperiais dominantes. Isso porque, antes de tudo, Hitler e Mussolini intervieram na

Espanha porque viram nesse movimento o modo mais eficaz de modificar a seu favor o equilíbrio de poder na Europa.

Em fins de outubro de 1936, as forças rebeldes do Sul estavam nos arredores de Madri. A chegada sofrera um atraso por causa de um desvio na última semana de setembro para socorrer as guarnições sitiadas em Toledo. A vitória alçou o general Franco ao comando supremo, político e militar, da Espanha rebelde (como *Generalíssimo*). Franco transformou a liberação de Toledo em um valioso golpe publicitário, recriando-a para as câmeras dos noticiários que projetaram aos olhos dos espectadores dos cinemas do mundo inteiro imagens do vitorioso *Generalíssimo* passeando pelos escombros. Toledo era um lugar de enorme importância simbólica para a direita espanhola. Na Idade Média, fora a primeira cidade da península controlada pelos muçulmanos a ser reconquistada pelos cristãos. Esse fato conferiu uma agitação a mais à decisão de Franco de fazer um desvio para Toledo, decisão claramente motivada por considerações políticas, pois é difícil discernir sua necessidade militar. É inegável que, ao adiar o avanço das tropas sobre Madri, Franco deu à República um tempo vital para a organização da defesa da capital.

A ajuda militar de última hora da União Soviética à República foi crucial nesse momento. O equipamento bélico, negociado com Stalin em meados de setembro, chegou à frente de guerra em Madri bem a tempo de ser usado nos combates de novembro. Até então, a União Soviética se mantivera afastada do conflito. Moscou ignorou um primeiro pedido de ajuda apresentado pelo governo republicano em julho – depois que Madri percebeu que a França voltaria atrás na promessa de auxílio. De todo modo, o pedido foi feito mais por desespero de causa do que a partir de uma expectativa real de ser atendido, pois não havia canais diplomáticos apropriados para encaminhá-lo. Embora a República tivesse reconhecido formalmente a União Soviética em junho de 1933, e, por sinal, foi o primeiro governo espanhol a fazê-lo, ainda não houvera troca de representações diplomáticas entre os dois países quando os militares se insurgiram em julho de 1936.

Desferido o golpe, a União Soviética apressou-se a apoiar a política de não intervenção britânica, inspirada pela França. Confrontado por enormes convulsões econômicas, sociais e políticas internas, Stalin estava tão preocupado quanto os políticos britânicos com a manutenção de uma situação de equilíbrio no cenário internacional. Considerando ainda que o maior temor da União Soviética era uma Alemanha nazista expansionista, Stalin não queria se afastar da Grã-Bretanha por prestar ajuda à República espanhola. Muito pelo contrário: em 1936 o dirigente soviético buscava estabelecer uma aliança de defesa mútua tanto com a Grã-Bretanha quanto com a França, política que Stalin denominava de "segurança coletiva". Ele estava convencido de que as potências imperiais cedo ou tarde compreenderiam que a maior e mais urgente ameaça a seus interesses não provinha do comunismo russo, e sim das ambições territoriais da Alemanha nazista. Por certo período, o governo soviético pensou que, se o pacto de não intervenção funcionasse, acabaria se revelando a melhor oportunidade para a República. Stalin sabia que, se a guerra na Espanha se intensificasse, as condições de competição da República seriam prejudicadas no longo prazo, por mais armamentos estrangeiros que obtivesse, pois se defrontava com um inimigo apoiado pela ajuda estatal direta da Itália fascista e da Alemanha nazista, o complexo industrial-militar mais avançado da época.

Logo se tornou evidente, porém, que a não intervenção não surtia efeito, e Stalin compreendeu que, se nenhuma providência fosse tomada, a República não teria condições de resistir ao ataque. Se isso viesse a ocorrer, o poderio militar nazista estaria livre para uma agressão a leste contra as vulneráveis fronteiras soviéticas. Para evitá-lo, Stalin decidiu arriscar-se a descontentar os ingleses enviando limitada ajuda militar. No entanto, na tentativa de proteger seu objetivo acalentado de estabelecer uma aliança defensiva com a França e a Grã-Bretanha, o auxílio bélico soviético à República, ao contrário do equivalente humanitário, jamais foi reconhecido abertamente. A postura de silêncio da imprensa soviética sobre esse assunto contrastava com a da Alemanha e Itália; a imprensa italiana, principalmente, estava cheia de notícias sobre a ação fascista "viril" na Espanha.

A ajuda soviética salvou a República espanhola de uma derrota militar quase certa em novembro de 1936. Seus tanques prestaram valioso serviço, assim como o pequeno grupo de técnicos e assessores militares, mas o auxílio mais importante veio dos aviões e dos experientes pilotos soviéticos que proporcionaram superioridade no ar durante a batalha por Madri, que se desenvolveu durante todo o inverno de 1936.

A força aérea logo se tornou vital. Nas ocasiões em que a República esteve em vantagem, foi um elemento decisivo para que obtivesse algumas raras vitórias – como em Jarama, nos arredores de Madri, em fevereiro de 1937, e em Guadalajara, a cinquenta quilômetros a noroeste da capital, em março do mesmo ano. Graças a essas batalhas, a capital não cedeu aos exércitos de Franco. Os rebeldes sofreram uma importante derrota que fez de Madri um símbolo internacional da resistência antifascista. De toda a Europa e além dela, artistas e escritores acorreram a Madri para participar da mobilização cultural que era um fator fundamental do esforço de guerra da República. Para eles, tratava-se da linha de frente de uma guerra cultural mais ampla. Se o fascismo vencesse, toda possibilidade de produzir cultura em liberdade se extinguiria.

Muitos antifascistas também acorreram à Espanha para participar da luta. A batalha por Madri foi intensa e causou muitas baixas, principalmente entre as Brigadas Internacionais, que foram convocadas quando os exércitos rebeldes chegaram à capital. As Brigadas eram formadas por soldados voluntários ligados à esquerda. Cerca de 35 mil lutaram do lado da República espanhola entre 1936 e 1939; seu contingente médio variou entre 12 mil e 16 mil (o número mais alto somente foi alcançado no auge do recrutamento, na primavera de 1937). Os voluntários vinham do mundo inteiro, mas a maioria originava-se da Europa. Mesmo nos dois contingentes que chegaram dos Estados Unidos e do Canadá – cerca de 3 mil e 1,6 mil, respectivamente – a grande maioria era formada por emigrantes europeus ou filhos de emigrantes.

A maior parte dos que foram lutar pela Espanha republicana (vindos da Europa ou de outros lugares) já eram exilados políticos. Vieram da Alemanha, Itália e Áustria, e também de outros países europeus igualmente dominados por ditaduras nacionalistas de direita, por monarquias autocráticas e pela direita radical (fascista), entre os quais se incluíam a Hungria, Iugoslávia, Romênia, Polônia e Finlândia. Na verdade, é impossível compreender as Brigadas Internacionais como fenômeno histórico sem levar em conta suas origens na diáspora europeia. Os brigadistas provinham de uma massa de emigrantes, sobretudo das classes operárias urbanas, que já havia deixado seus países de origem em algum momento após a Primeira Guerra Mundial, seja por razões econômicas, seja para fugir da repressão política, muitas vezes pelos dois motivos. Entre os voluntários canadenses, por exemplo, havia muitos finlandeses que tinham fugido da repressão desencadeada pelo dirigente nacionalista Mannerheim após a Guerra Civil de 1918. Um canadense de origem finlandesa chegou a dizer que lutaria na Espanha para vingar a morte da irmã pelos brancos (nacionalistas) durante a Primeira Guerra.

Lutando contra o fascismo na Espanha, esses exilados estavam retomando questões não resolvidas que remontavam pelo menos à guerra de 1914-1918. Os problemas causados pelo conflito mundial haviam embrutecido a política e induzido ao despertar de nacionalismos antidemocráticos que provocaram a saída voluntária dessas pessoas de seus países de origem. Para os exilados e emigrados, o internacionalismo de esquerda era uma forma de política que reforçava de modo natural a própria diáspora. Representava também um poderoso antídoto a outras formas de política, literalmente assassinas, que medravam em seus países. A depressão econômica da década de 30 exacerbou esses problemas. O desemprego e a pobreza generalizada – especialmente nas áreas urbanas – aceleraram a polarização política porque pareciam prenunciar o colapso de uma economia capitalista insustentável, que continuava a ser defendida pela direita. Para os brigadistas, combater os militares rebeldes na Espanha e os fascistas que os apoiavam era ferir duramente a opressão econômica e política em todo o continente. Estavam bem conscientes, portanto, de serem soldados políticos na guerra civil europeia em curso.

Nesse sentido, a guerra civil europeia, tal como a espanhola, era uma guerra entre culturas. Assim como a violência dos rebeldes na Espanha voltava-se contra os diferentes, dos pontos de vista social, cultural e sexual, a violência praticada em outros lugares da Europa pela direita radical tinha os mesmos alvos. Era uma forma de política que por toda a parte derivava do choque frontal entre valores e modos de vida – rural contra urbano; tradição contra modernidade; hierarquia social fixa contra modos de política igualitários e mais fluidos –, as mesmas tensões que então irrompiam na Espanha.

Sendo uma guerra civil europeia de culturas, também havia um componente racial. Não se limitava à Alemanha nazista; muitos regimes dos quais os brigadistas exilados tinham fugido após o fim da Primeira Guerra haviam desenvolvido formas de política baseada na segregação e na "limpeza" étnica, dirigidas tanto contra as minorias raciais quanto a outras. Havia muitos voluntários judeus entre os brigadistas – cerca de um quarto do total. Entre os brigadistas poloneses formou-se uma companhia especificamente de judeus que atraiu muitos voluntários internacionais. Esse batalhão recebeu o nome de um jovem judeu comunista, Naftali Botwin, morto na Polônia em 1925, e sua bandeira trazia a frase "Por vossa liberdade e a nossa", escrita em iídiche e polonês de um lado, e em espanhol do outro. Integrantes da Companhia Botwin combateram mais tarde na resistência francesa. A maioria dos brigadistas judeus na Espanha, porém, lutou em outras unidades e muitos consideravam seu antifascismo como uma identidade pessoal mais relevante do que o fato de serem judeus. Lutando contra o fascismo na Espanha, os brigadistas resistiam ao mesmo tempo a todas as formas de violenta exclusão social e política. Da mesma forma, os perseguidos e encarcerados nos primeiros campos de concentração nazistas estabelecidos em 1933 eram alemães *outsiders*, marginalizados política, social ou sexualmente. Os brigadistas internacionais alemães levaram para a Espanha pelo menos uma canção, *Peat Bog Soldiers*, escrita por um prisioneiro de um dos primeiros campos de concentração nazistas.

Assim, em termos raciais, culturais e políticos, a heterogeneidade das Brigadas transformou-as em uma forma viva da oposição aos princípios de purificação e categorização brutal defendidas pelo fascismo e, sobretudo, pelo nazismo. No entanto, não se tratava apenas de enfrentar os demônios europeus.

4. **Oliver Law, comandante negro da Brigada Abraham Lincoln norte-americana, morreu em combate na Batalha de Brunete em julho de 1937. Law foi o primeiro comandante militar na história dos Estados Unidos a chefiar uma unidade de soldados não segregada em termos raciais.**

A Brigada Abraham Lincoln, na qual combatiam cerca de noventa afro-americanos, foi a primeira unidade militar norte-americana não segregada da história – pois os Estados Unidos continuaram a praticar a segregação racial durante toda a Segunda Guerra Mundial. Desse ponto de vista, as Brigadas Internacionais simbolizam certo espírito de modernidade. Eles eram os soldados – ainda que de forma muito imperfeita e não consciente – da modernidade cultural cosmopolita.

Essas aspirações igualitárias é que construíram a ideia da luta dos republicanos na guerra civil como "a última grande causa", a linha de frente na luta por uma forma de política mais igualitária e inclusiva na Europa e no resto do mundo. A persistência dessa ideia muito tempo após a derrota dos republicanos deveu-se em boa parte à camaradagem e à solidariedade extraordinárias que muitos voluntários estrangeiros – fossem eles soldados ou pessoal médico – experimentaram na Espanha, e que levaram consigo como uma recordação candente que mudou suas vidas. O poeta Edwin Rolfe, que integrou a Brigada Lincoln, expressou essa lembrança da seguinte maneira quando se preparava para lutar na Segunda Guerra Mundial:

> Estou ansioso para entrar nela, ansioso para que termine.
> Talvez seja a última.
> [...]
> Mas meu coração está para sempre cativo naquela outra guerra que me ensinou pela primeira vez o sentido da paz e da camaradagem
> e sempre penso no meu amigo que em meio a bombas
> via no lago lírico o cisne único e perfeito.
>
> (*First Love*, 1943)

Justamente por serem usadas como tropas de choque da República, as Brigadas sofreram muitas baixas, principalmente nos primeiros estágios da guerra. O contingente britânico foi dizimado na Batalha de Jarama em fevereiro de 1937, na qual a Brigada Lincoln também sofreu graves perdas. Por outro lado, no início da guerra civil, a Espanha ainda não tinha experiência suficiente para lidar com tamanha escala de mortos e feridos no campo de batalha. A curva de aprendizado foi quase perpendicular. Os voluntários estrangeiros da área de saúde foram fundamentais nessa assistência: o apoio de médicos e enfermeiras, junto com a coleta de fundos financeiros para suprimentos humanitários e equipamentos de saúde, constituiu parte essencial da solidariedade progressista e de esquerda com a República em guerra. Os benefícios foram recíprocos: dessa colaboração surgiram progressos no tratamento de urgência de feridos – especialmente nas técnicas de triagem e de transfusão de sangue – que seriam fundamentais mais tarde na Segunda Guerra Mundial.

Houve ainda outros tipos de progresso, embora nesses casos o saldo geral seja mais ambíguo. Salaria Kea, enfermeira do American Medical Bureau, e Thyra Edwards, assistente social que colaborou nas colônias infantis para filhos de refugiados criadas pela República, foram as duas únicas mulheres afro-americanas que trabalharam na Espanha. Entretanto, quando outra jovem, Evely Hutchins, inscreveu-se para servir como motorista de ambulância, esbarrou em um preconceito profundamente enraizado. A esquerda política, apesar de interessada no fomento da igualdade racial, só aceitava o recrutamento de mulheres para a Espanha como enfermeiras ou pessoal de apoio. No final, Hutchins venceu, mas sua vitória foi um caso isolado. De modo geral, não se admitia o alistamento de mulheres para serviços voluntários na Espanha senão nas funções consideradas apropriadas pela cultura dominante, ou seja, pelas normas de gênero socialmente conservadoras da época. A lembrança e a experiência dessas situações levou as mulheres do movimento comunista americano a contestarem, depois de 1945, os posicionamentos de gênero do partido, contribuindo para a ampliação de um debate, que, por sua vez, ajudou a construir o movimento da Nova Esquerda, de maior consciência social, da década de 60. A "boa luta", como os brigadistas norte-americanos denominaram o combate para defender a República espanhola, lidava, portanto, com mais de um tipo de batalha.

O movimento comunista europeu foi o eixo em torno do qual as Brigadas Internacionais se organizaram desde o princípio. Nos anos 1930, o movimento comunista era a forma de oposição antifascista mais ativa e dinâmica, razão pela qual atraía numerosos setores da esquerda e dos liberais. Em nenhum outro caso essa participação se tornou tão visível quanto na solidariedade com a Espanha republicana. As organizações comunistas estiveram à frente da campanha para a extinção do acordo de não intervenção. Sua liderança deveu-se também à posição ambígua da social-democracia europeia, cujos partidos e sindicatos continuavam a ser muito mais influenciados por correntes pacifistas e de oposição à guerra nascidas da experiência de 1914-1918. Essa experiência levou muitos partidos a apoiar a política de não intervenção; e, mesmo depois de perceberem que isso era prejudicial para a República, muitos dirigentes socialistas da Europa continuaram relutantes em criticar seus governos com respeito à legalidade da não intervenção.

A matéria-prima humana para as Brigadas foi canalizada pela Internacional Comunista (Comintern), sob os auspícios do Partido Comunista Francês (PCF), que também proporcionou o maior contingente nacional de brigadistas, mais de 9 mil voluntários ao longo da guerra. O fato que incentivou o Comintern a iniciar o recrutamento foi, sem dúvida, a decisão da União Soviética, em setembro de 1936, de prover alguma ajuda militar à República.

As Brigadas Internacionais foram um componente do programa emergencial de reação de Stalin. O Comintern forneceu o mecanismo organizacional fundamental que possibilitaria canalizar para a Espanha de forma sistemática a experiência militar da esquerda internacional a fim de evitar a derrota republicana no outono de 1936. Apesar da situação perigosa da República nessa etapa, o governo se mostrou um interlocutor difícil na negociação que deu origem às Brigadas Internacionais em outubro desse ano. O comando militar republicano e a maioria dos seus oficiais de carreira eram hostis às Brigadas tanto por motivos chauvinistas quanto por orgulho profissional. Em 1937, tão logo começou a tomar forma um exército republicano organizado, sua existência se tornou uma força de atração ineludível que fez com que as Brigadas fossem incorporadas às forças militares regulares no outono desse mesmo ano. Isso também contribuiu para que as Brigadas, ainda que mantendo suas identidades numéricas, fossem se tornando cada vez menos "estrangeiras" à medida que a guerra se desenrolava. Havia um acordo de complementar as Brigadas com recrutas espanhóis, processo que se acelerou quando o alistamento de brigadistas perdeu força nos primeiros meses de 1937.

Por todas essas razões, é um erro reduzir o complexo fenômeno histórico das Brigadas Internacionais ao esquema simplista de um exército do Comintern. Stalin não podia obrigar europeus a lutar em prol da República espanhola do mesmo modo que Hitler ou Mussolini podiam convocar e enviar alemães e italianos. Os brigadistas internacionais que foram para a Espanha eram voluntários e, como indicam os antecedentes sociológicos e históricos já mencionados, seus motivos eram tão complexos e tão arraigados na experiência pessoal quanto os dos primeiros voluntários da República (em julho e agosto de 1936) que haviam acudido à Espanha por motivos inteiramente individuais. Uma vez lá, todos os voluntários eram submetidos à disciplina militar. Se assim não fosse, teriam sido inúteis para a República, mas para alguns deles – inclusive para uma minoria de brigadistas – submeter-se à disciplina militar pareceu humilhante justamente por que haviam se alistado como voluntários. Sem dúvida, esse sentimento de desilusão tinha relação com sua surpresa ao compreenderem como eram despreparados para enfrentar as duras condições da guerra na Espanha, especialmente pelo armamento antiquado que se viam obrigados a usar devido ao pacto de não intervenção.

Como a principal função dos assessores do Comintern era assegurar a disciplina nas Brigadas, havia muitos motivos de conflito, sobretudo se considerarmos a cultura política doutrinária e as formas de organização excessivamente rígidas que marcavam a Internacional Comunista. Essa rigidez aumentou durante a guerra, pelo menos em parte como resposta à sua limitada capacidade de afetar positivamente a situação militar da Espanha. Em outras palavras, o zelo exagerado ou "correção política" de muitos assessores do Comintern era muitas vezes uma defesa contra possíveis acusações de incompetência técnica e organizacional manifestadas pelo próprio comitê executivo ou pela alta cúpula soviética. Em resumo, a rigidez era uma indicação de fraqueza do Comintern, não de força.

No outono e inverno de 1936, a guerra entrou não só no espaço físico de Madri e nas mentes dos soldados – espanhóis ou de outros países – que lutavam no front central, como também na consciência da população civil da capital, com a experiência do bombardeio aéreo sobre Madri, em 28 de agosto. Aliás, foi a primeira vez que semelhante tipo de incursão aérea ocorreu na Europa. O bombardeio em si e a necessidade de organizar a defesa civil começaram a forjar um novo sentimento de comunidade republicana na adversidade. Em 1936, esse fato foi específico da área de Madri, mas nos dois anos seguintes a guerra se estendeu sucessivamente a diferentes partes do território republicano. Desse modo, pouco a pouco, formas de identidade republicanas começaram a aglutinar-se como consequência da guerra, quer na retaguarda, quer na frente de guerra.

As mortes violentas causadas pelo conflito, especialmente as que ocorreram nos campos de batalha, construíram o "significado" da guerra para ambos os lados. No caso das identidades franquistas, a consolidação desse significado se deu com mais facilidade a partir de 1939, enquanto as identidades republicanas, destroçadas pela derrota, se confinaram desde então aos espaços íntimos e subterrâneos. A extrema compressão temporal que caracterizou o surgimento das identidades republicanas durante a guerra faz elas parecerem excessivamente contingentes, subjetivas e frágeis. Mas não

**5. Vitrine na Espanha republicana (Valência, outubro de 1937) mostra como símbolos políticos capitais – a encarnação da Segunda República como uma jovem e bela mulher (*la niña bonita*) – e figuras icônicas, como o líder anarquista Buenaventura Durruti, morto em novembro de 1936, haviam se incorporado à cultura popular.**

é por isso que devemos considerá-las menos reais do que outras formas de identidade nacional.

Os refugiados também transmitiram a noção da guerra – primeiro a Madri, depois a outros lugares. O primeiro fluxo importante de refugiados veio do Sul, no verão de 1936, na fuga do exército africano de Franco. Passou por Madri no outono e depois, acrescida dos refugiados provenientes da capital sitiada, a massa humana dirigiu-se à Barcelona e

Valência, cidades nas quais a guerra continuava a ser uma notícia distante. Os refugiados foram outra forma de mobilidade demográfica acelerada e, portanto, uma forma de mudança social. Além dos traumas do deslocamento devido à guerra, o transplante repentino de segmentos da população pobre do Sul para o ambiente mais desenvolvido econômica e socialmente do Nordeste da Espanha provocou um severo choque cultural. Embora os mais afetados fossem os próprios refugiados, o choque também teve uma dimensão recíproca, conforme sugeriam os informes dos *quakers* sobre seu trabalho de assistência, que chegavam de Barcelona e Valência. Um deles, escrito em maio de 1937, descreve os refugiados procedentes de Málaga como "selvagens" e "meio mouros", assustados com as listas por medo do que pudesse significar sua exposição às autoridades do Estado.

Quando as forças rebeldes de Franco se entrincheiraram para sitiar o perímetro de Madri, o conflito transformou-se em uma grande guerra de atrito contra a República. Hitler e Mussolini reconheceram a Espanha de Franco em novembro de 1936, porém as batalhas épicas em torno de Madri mostraram-lhes – particularmente a Mussolini – que só uma escalada maciça da ajuda da Alemanha e da Itália poderia garantir a vitória de Franco. Hitler incentivou Mussolini a encarar o esforço, e este seguiu a orientação a tal ponto que chegou a prejudicar a eficiência militar italiana na Guerra Mundial. A ajuda alemã a Franco também aumentou, mas concentrou-se qualitativamente em tecnologia, equipamentos bélicos e aviação. A escala da ajuda de Mussolini foi tão grande em armamentos e recursos humanos (75 mil soldados), que se poderia afirmar que, desde março de 1937, a Itália fascista esteve em guerra com a República espanhola.

A intensificação da guerra e as evidentes vantagens militares e diplomáticas acumuladas pelos rebeldes contribuíram para as profundas mudanças políticas que se verificaram na Espanha republicana. Havia necessidade urgente de construir o Estado e uma máquina moderna de guerra – única maneira pela qual a República poderia resistir ao inimigo armado. O maior desafio era reconstruir o exército. O golpe tinha desarticulado a unidade do exército e o comando republicano teve de começar quase do zero. A carência de material e equipamentos era aflitiva, ainda mais exacerbada pelo impacto da política de não intervenção. A oposição à militarização entre os milicianos não era muito importante nos lugares onde eles já tinham se defrontado com as forças de Franco, como nas frentes de batalha em torno de Madri. Problema muito mais sério era a profunda desconfiança das milícias com os oficiais de carreira, nada surpreendente levando-se em conta o golpe militar. Essa desconfiança tornou crucial o novo cargo de comissário político. Os comissários eram indicados por todas as organizações políticas da República e seu trabalho era explicar os motivos das ordens militares, cuidar do bem-estar prático das tropas e lembrá-las da razão de ser da guerra. Os oficiais de carreira que permaneciam leais à República às vezes (nem sempre) desdenhavam das milícias não treinadas, e essa mentalidade rígida e fechada fez com que, nos primeiros meses da guerra civil, quase nunca conseguissem usá-los da melhor maneira possível.

Durante o inverno de 1936, perdeu-se um tempo fundamental para a organização militar porque a cúpula política da República não compreendeu com a necessária rapidez a natureza da guerra que era preciso travar. Tensões políticas entre centro e periferia foram outros motivos de atraso no pior momento. Tentativas frágeis de controlar o planejamento e os recursos bélicos causaram conflitos debilitadores entre o governo central republicano e a nova autoridade regional basca no Norte, dominada pelo Partido Nacionalista Basco (PNV), que pretendia garantir direitos de soberania e se opunha a todas as tentativas de manter a indústria basca ou as unidades militarizadas da região sob controle central da República. Quando surgiu um novo governo republicano disposto a endurecer na discussão da autonomia, a frente basca já estava sob fogo cerrado das forças de Franco. O front basco viria a cair no verão de 1937, privando a República de recursos industriais vitais e reduzindo significativamente suas possibilidades de ganhar a guerra no plano militar.

Justamente quando a reorganização militar da República começava a adquirir coesão ocorreu derrocada da linha de frente basca. O momento definitivo ocorreu na Batalha de Brunete, talvez a mais sangrenta da guerra, em julho de 1937, a poucos quilômetros de Madri. Foi o batismo de fogo do novo exército republicano. Mas sua eficiência foi muito prejudicada pela retenção de equipamentos bélicos na fronteira francesa devido ao pacto de não intervenção. No final do verão, o exército republicano tinha avançado bastante na estruturação de todo um setor dedicado a formas inovadoras de guerra de guerrilhas por trás das linhas inimigas. Embora formado por uma maioria de combatentes espanhóis, uma unidade de brigadistas internacionais também participou da guerrilha desde seu início, no começo de 1937. Muitos eram de origem finlandesa, incluindo os fino-canadenses, e um proveniente dos Estados Unidos, Bill Aalto. Jovem operário, vindo do Bronx, em Nova York, Aalto chegou ao posto de capitão na guerrilha e mais tarde, em 1938, participou de uma importante ação que foi a única do gênero realizada pelo exército espanhol (ver Capítulo 8). Alguns anos depois, Irv Goff, companheiro de armas de Aalto que também tomou parte na ação guerrilheira, teria a oportunidade de novamente usar as habilidades aprendidas na Espanha quando, durante a Segunda Guerra Mundial, foi lançado em paraquedas pelos serviços especiais norte-americanos na Europa ocupada pelos nazistas, a fim de integrar-se à guerra de resistência – o único tipo de serviço ativo para o qual o governo dos Estados Unidos não fazia discriminação contra seus cidadãos que haviam lutado em defesa da República espanhola.

O imperativo da guerra acelerou o processo de mobilização de massa na retaguarda republicana – especialmente no caso de mulheres e jovens –, cujas origens recuavam ao período do pré-guerra e que, por sua vez, constituiu-se em uma forma de modernização social e política. Mulheres foram recrutadas em massa para trabalhar em fábricas de armamentos, o que envolveu um treinamento prático que melhorou seu nível de instrução e, mais importante, abriu-lhes oportunidades de vivenciar alternativas culturais que

6. A mobilização política da juventude na Espanha republicana também fazia parte de um processo mais geral de mudança social e cultural.

incluíam um potencial de transformação das relações de gênero – um dos muitos potenciais culturais novos que desapareceram com a derrota.

A operária das fábricas de armamento da República (Figura 8) era a face real da "nova mulher" na Espanha da década de 30. A imagem mais familiar, e mais usual, da operária *miliciana* (Figura 7) é problemática. Algumas mulheres integraram milícias e outras participaram de formas de luta dissimuladas, inclusive nas guerrilhas, geralmente em funções de ligação muito perigosas. Entretanto, a maior parte das fotografias de milicianas que possuímos não mostra claramente nenhuma dessas realidades; quase todas foram tiradas nos primeiros dias do conflito e trazem a marca inconfundível da "guerra como festa". São imagens muito produzidas, concebidas para maximizar o efeito decorativo das figuras femininas. Tal como nos famosos cartazes das milicianas, as fotografias destinavam-se a um público masculino e foram idealizadas como um instrumento de recrutamento para convencer os homens a entrarem como voluntários no serviço militar.

**7. Miliciana em Madri no começo da guerra.**

**8. Operária republicana trabalhando.**

**9. Classe de alfabetização para soldados republicanos.**

A mobilização republicana, assim como outras mobilizações nas guerras modernas, pressupunha o alistamento prático e psicológico, e, dessa maneira, transformara-se em importante fator de mudança social e cultural. Em fins de 1937, o alistamento já fazia grande sucesso.

Com a finalidade de construir o exército da República, muitos jovens foram incentivados a sair do meio rural e

**10. Cartaz republicação de campanha de educação sanitária com um subtexto misógino advertindo sobre os perigos das doenças venéreas para a saúde da mãe e do filho.**

receber instrução militar. Paralelamente, desenvolveram-se campanhas de saúde, alfabetização e noções elementares de cálculo. Em um país como a Espanha, com níveis muito baixos de educação entre a população do campo, essas campanhas foram fundamentais no processo de construção da nação. Mais uma vez, o papel dos comissários políticos foi crucial. Da intensa experiência na linha de frente – a participação comum nas batalhas, a camaradagem e o sofrimento compartilhado – surgiu uma identidade republicana específica entre muitos combatentes que não tinham filiação política anterior à guerra.

Outra razão do sucesso da República na explicação dos motivos da guerra foi seu impressionante repertório de técnicas inovadoras de propaganda (Figura 11). A mobilização cultural republicana, em especial, utilizou-se da fotomontagem como arma de guerra. O material era fornecido por figuras importantes da vanguarda europeia, entre os quais se destacou o pintor alemão exilado John Heartfield, que fez a famosa montagem *No pasarán*, mostrando abutres nazifascistas espreitando o céu de Madri e mantidos à distância pelas baionetas antifascistas. Mas muitos espanhóis também estavam fazendo arte inovadora de guerra, que incluía um forte elemento de fotomontagem modernista, como, por exemplo, os cartazes e as colagens do pintor valenciano Josep Renau. (Durante a guerra, Renau também foi diretor de Belas Artes, um cargo de destaque responsável pela proteção dos tesouros artísticos contra os bombardeios.) A fotomontagem é um formato que distingue claramente a arte de guerra produzida na zona republicana da que era feita na zona franquista. Ambas contavam com pintores e publicitários que trabalhavam segundo a tradição figurativa, e ambas usavam imagens modernistas mecânicas da forma humana para invocar "novas ordens valorosas" (o soldado heroico do famoso cartaz de alfabetização republicano poderia ser uma imagem fascista, embora a legenda esclareça que não). No entanto, a fotomontagem era uma técnica modernista que a

**11. Propaganda pintada em trens com símbolos antifascistas.**

**12. Poema escrito em uma parede de Madri, outono de 1937, comemorando as forças republicanas do Norte (Astúrias).**

produção franquista não podia incorporar devido às suas fortes conotações internacionalistas e cosmopolitas. Os ousados contrastes usados na fotomontagem quebravam as regras da composição formal e transformavam em virtude a instantaneidade e a contingência. Como forma, a técnica também se adaptava à reprodução mecânica, justamente o que a direita tinha em mente ao falar de "degeneração" e "bolchevismo cultural".

A despeito de valores culturais e ideologias políticas tão diferentes na Espanha republicana e na franquista, a guerra foi testemunha da continuação e aceleração comum de um processo de mudança social. A grande expansão das organizações da Falange (fascista) e do Partido Comunista Espanhol (PCE) foi vista nas duas áreas, mobilizando setores da população (especialmente mulheres e jovens) para o esforço de guerra e, dessa maneira, incorporando-os pela primeira vez à esfera pública. Um fator que contribuiu para atrair grupos sociais tão díspares da Espanha republicana ao movimento comunista espanhol durante a guerra foi a crescente popularidade da União Soviética. Único país importante a romper o isolamento internacional que sufocava a República, a União Soviética havia dado enorme impulso ao moral popular. Havia um sentimento de otimismo generalizado de que o apoio dinâmico desse poderoso país poderia ajudar os republicanos a ganhar a guerra. Por isso que, por algum tempo, as cerimônias, a retórica e a iconografia que celebravam a solidariedade soviética angariaram boa resposta popular. A União Soviética era o assunto do momento. No inverno de 1936-1937, os chapéus e as insígnias russas de todo tipo faziam enorme sucesso. As revistas femininas mostravam penteados e roupas no estilo russo como o último grito em elegância e bom gosto (Figura 13).

### Bolchevismo cultural

O "bolchevismo cultural", termo cunhado pelos nazistas, foi empregado para denunciar a produção cultural modernista não figurativa e vanguardista que a direita política da Europa achava que estava minando a hierarquia política e contaminando as tradições culturais nacionais. Na Alemanha nazista foi organizada uma exposição de arte moderna com o título de "arte degenerada". A ideia de que a cultura ou a sociedade podiam

> "degenerar-se" como um organismo biológico teve considerável aceitação no pensamento social e político do século XX no período entre as duas guerras mundiais, principalmente, mas não de forma exclusiva, entre setores conservadores. A ideia pode ser remontada em parte à obra dos cientistas do século XIX, inclusive a de Charles Darwin sobre a evolução das espécies, que havia estimulado a noção de que as leis biológicas podiam ser aplicadas à sociedade (darwinismo social). Na Espanha, muitas dessas ideias se desenvolveram a partir do pensamento "regeneracionista", que surgiu após a perda do império em 1898.

O atrativo e a cenografia superficial que acompanhavam essa voga russa tinham pouco a ver com o marxismo-leninismo ou com algum tipo de ideologia política. Não faz sentido falar, por isso, como fizeram alguns estudiosos, de uma "sovietização" da política e da sociedade republicanas. Na realidade, o povo logo se fixou na União Soviética de um modo bem diferente, como um ícone da modernidade. Essa percepção tinha um precedente na Espanha da década de 20, quando alguns setores sociais urbanos progressistas, embora não necessariamente filiados a organizações políticas, já haviam associado a União Soviética à modernidade tecnológica e cultural. Nada muito diferente de como uma parte da população espanhola projetou, depois da Segunda Guerra Mundial, nas imagens e produtos norte-americanos suas aspirações de progresso e desenvolvimento, conforme descreve o filme de Luis García Berlanga, *Bienvenido Mr. Marshall*, de 1953. Para um leitor do século XXI, é possível que essa comparação não tenha lógica, mas as percepções das pessoas nas décadas de 20 e 30 não eram filtradas pela Guerra Fria. A construção da União Soviética e dos Estados Unidos tinha um elemento comum: a escassez de modelos nacionais, isto é, de modelos espanhóis, em que se basear, embora justamente por causa da derrota republicana essa carência fosse mais aguda nas décadas de 50 e 60 do que trinta anos antes.

A urgente necessidade de reconstruir o Estado republicano também incentivou o governo central a agir contra todas as manifestações de localismo que tinham surgido a partir do levante militar – desde os comitês de povoados e conselhos regionais (como o famoso Conselho de Aragão) até o próprio governo regional da Catalunha. A ofensiva orientava-se em parte contra os setores radicais da esquerda que haviam propugnado por formas coletivizadas e cooperativas na agricultura e na indústria, e que se multiplicaram após o golpe. Os comunistas não foram os únicos a se alinharem contra a esquerda radical; também o fizeram amplos setores do Partido Socialista e seus sindicatos vinculados, vários partidos republicanos e até parcelas da central sindical anarcossindicalista, a CNT. Certamente não foram só as organizações políticas, mas os setores sociais que cada uma delas representava. Essa aliança foi uma tentativa de restabelecer uma ampla coalizão democrática, liberal e reformista de operários e segmentos da classe média criada nas origens da República em 1931. A aliança havia ressuscitado com a vitória eleitoral de fevereiro de 1936, mas foi interrompida pelo golpe militar de julho. A vitória dessa ampla coalizão foi selada simbolicamente em maio de 1937, quando a República da "ordem" triunfou sobre os protestos sociais e políticos dos operários radicalizados e das camadas mais pobres e marginalizadas da população urbana nas ruas de Barcelona. Foram as famosas Jornadas de Maio. Em consequência, foi nomeado um novo governo presidido pelo socialista de centro Juan Negrín.

Foram várias as razões da eclosão das lutas de rua em Barcelona. Muitas mais, sem dúvida, do que pôde perceber o famoso cronista dos fatos, George Orwell, que – convém lembrar – não lia nem espanhol nem catalão. Em *Homage to Catalonia*, ele corretamente afirma que as lutas em Barcelona estavam relacionadas a um conflito de modelos acerca do modo de organizar a sociedade e a política na República. Entretanto, Orwell exagera o papel dos comunistas catalães e espanhóis. Igualmente insustentável é sua teoria conspi-

13. Alta moda de Moscou: ilustração de uma revista feminina de Madri durante a guerra.

ratória de que as Jornadas de Maio foram de algum modo provocadas ou fabricadas. É fato que havia tensões sociais e políticas na cidade desde o começo de 1937. O governo catalão, do qual os comunistas faziam parte – mas eram apenas uma parte –, vinha recuperando pouco a pouco os poderes executivos que tinha perdido para as comissões operárias e sindicais depois do golpe militar.

Como parte desse processo, o governo reintroduziu as forças de mercado no abastecimento de alimentos da cidade. O resultado disso foi punir os grupos urbanos mais pobres, as pessoas que tinham sido mais atingidas pelo rigor orçamentário da República e sua política de ordem pública desde 1931 (Capítulo 1). Suas frágeis economias também foram as mais prejudicadas pelos efeitos da guerra, que, sobretudo na Catalunha, causaram grave desemprego setorial. Os pobres não podiam recorrer ao mercado negro, nem à crescente economia de escambo, porque quase sempre eram emigrantes de outras regiões da Espanha e não tinham contatos na zona rural da Catalunha. Com a reintrodução do livre mercado, eles perderam a rede de segurança dos comitês de abastecimento da CNT, o principal instrumento de provisão das camadas mais pobres de Barcelona durante os primeiros meses da guerra. Além disso, havia uma inflação galopante que a política oficial de controle de preços não conseguia segurar.

Em fins de 1936, já estavam na Catalunha cerca de 350 mil refugiados e milhares de pessoas desalojadas e não oficialmente registradas. Juntas, essas pessoas aumentaram em mais de dez por cento a população total da região. As pressões quanto a habitação e alimentação eram maiores nas áreas mais pobres do centro da cidade, onde as carências de um sistema rudimentar de racionamento criaram uma crise de subsistência que provocou protestos nas ruas durante os primeiros meses de 1937. Os alimentos enlatados que Orwell encontrou nas vitrines dos armazéns não desmentem essa realidade, pois eram mercadorias de luxo que não tinham papel algum na atenuação da crise alimentar, já que o governo havia imposto as leis do mercado. Como acontecia com frequência antes da guerra, a polícia voltou a reprimir protestos por falta de comida e a proteger os prédios comerciais contra o confisco popular.

A atividade hostil do governo catalão só veio a piorar essa situação de penúria econômica. Se adicionarmos a essa mistura, em si mesma poderosa, a tradição radical de ação direta da classe operária urbana da Barcelona "vermelha", articulada historicamente pela CNT, a explosão das lutas de rua em maio de 1937 torna-se perfeitamente explicável. O fato desencadeador foi a tentativa da polícia de expulsar os integrantes do comitê operário da central telefônica de Barcelona. A força da explosão originou-se da ação empreendida de maneira simultânea pela polícia em toda a cidade para recobrar o controle da ordem pública desarmando as patrulhas operárias que se haviam estabelecido logo após o golpe militar.

A explosão nas ruas desencadeou muitas lutas políticas sectárias, com efeitos fatais. Os comunistas espanhóis e catalães uniram-se aos representantes do Comintern em atos tristemente conhecidos como o assassinato de Andreu Nin, líder da base catalã da dissidência do Partido Comunista, o POUM. Nin, que tinha vivido em Moscou na década de 20, fazia parte do grupo bolchevique e tinha sido secretário de Trotsky. O dirigente do POUM foi detido em uma prisão clandestina do Partido Comunista. Prisões ilegais ou *checas* surgiram originalmente no território republicano como consequência do caos instalado pelo levante militar de julho de 1936. Para fazer frente ao desmoronamento da ordem pública provocado pelo golpe, os partidos de esquerda, sindicatos e milícias criaram os próprios centros de detenção. Entretanto, as *checas* foram erradicadas quando as autoridades da República recuperaram o controle político; de fato, sua erradicação era fundamental para a credibilidade constitucional do governo. Por isso, seu recrudescimento em maio de 1937 foi um duro golpe. O escândalo das detenções e execuções extrajudiciais, como a de Nin, aumentou as já consideráveis inquietações sobre a ordem pública provocadas pelos conflitos de rua e, dessa maneira, contribuiu para aumentar as pressões favoráveis a uma mudança no gabinete e para a implementação de medidas mais rigorosas de segurança e vigilância.

O fato de integrantes do serviço secreto soviético terem participado de certas atividades obscuras durante as Jornadas de Maio levou alguns estudiosos a exagerar a influência política da União Soviética na zona republicana. Vale lembrar que nas mais importantes cidades da Espanha em guerra havia agentes do serviço secreto de todas as principais potências. Nada surpreendente, haja vista o reconhecimento universal de que a Guerra Civil Espanhola era o ponto nevrálgico da política e da diplomacia internacionais.

Por outro lado, é inegável que os agentes de inteligência soviéticos eram dados a suspeitar de tudo – não apenas pelo clima de medo causado pelos anos de agitação política dentro da União Soviética como pela tendência do pessoal de inteligência a projetar os temores herdados da guerra civil russa na situação na Espanha, levando-os a ver sabotadores e inimigos internos por toda parte. Entretanto, nem sempre se tratava de temores infundados – afinal, a Espanha estava em guerra civil –; o próprio serviço de inteligência republicano conseguiu desmantelar uma rede de espionagem franquista em Barcelona, na época das Jornadas de Maio. A União Soviética também não era a única potência envolvida em assassinatos políticos na Espanha. É muito provável que a polícia secreta italiana, a OVRA, Opera per la Vigilanza e la Repressione Antifascista, de Mussolini, tenha sido responsável pelo assassinato do principal dirigente anarquista italiano, Camillo Berneri, e de seu secretário Francesco Barbieri, durante os eventos de maio em Barcelona. Um mês depois, a OVRA matou dois outros líderes italianos antifascistas exilados na França, os irmãos Carlo e Nello Rosselli. Apesar disso, nunca foi sugerido que se o governo italiano era capaz de cometer esses assassinatos devia exercer influência indevida sobre o governo francês.

Nem toda a violência sectária ocorrida durante as Jornadas de Maio foi resultado das tensões no movimento comunista internacional, e nem todos os seus autores foram comunistas espanhóis. Na República de antes da guerra, muitos conflitos entre organizações de esquerda haviam terminado de maneira violenta. A guerra não apagou a memória dessas brigas. Na verdade, como esses conflitos diziam respeito a questões de influência política, clientelismo e rivalidades em torno de atração de filiados, a situação de guerra intensificou os confrontos na Espanha republicana. Uma vez iniciadas as lutas populares de rua em Barcelona, com as Jornadas de Maio, precipitou-se o derramamento de sangue por todos os lados. Embates ocorreram entre membros da CNT e do sindicato socialista UGT; entre socialistas e comunistas; entre as facções rivais do comunismo catalão, enquanto os fantasmas de décadas de conflitos trabalhistas e de luta interna espreitavam as ruas e os locais de reunião da cidade.

Na esteira dos eventos de maio, o governo republicano prendeu muitos integrantes da CNT e do POUM da Catalunha com o objetivo de restabelecer a disciplina de guerra e de garantir que esses acontecimentos não voltariam a repetir-se. Dirigentes do POUM foram presos por terem defendido publicamente em editoriais de jornais os que se haviam rebelado nas ruas. É muito significativo que as prisões dos membros do POUM tivessem ocorrido em junho, quando Bilbau, a potência industrial do Norte, acabara de ser derrotada pelas forças de Franco. Os dirigentes do POUM foram acusados de rebelião e alta traição contra o governo e encarcerados até o julgamento.

No entanto, o desfecho da crise de maio e a nomeação de um novo governo não tiveram apenas a intenção de disciplinar a esquerda radical e coletivista. O que distinguiu o gabinete Negrín dos seus antecessores foi o conhecimento da política e da diplomacia internacionais e a compreensão capital de que, para obter uma saída favorável para a guerra, a República dependia fortemente da mudança de posição da França e da Grã-Bretanha. Durante os dezoito meses seguintes, Negrín haveria de encarregar-se pessoalmente da diplomacia republicana em uma tentativa desesperada de mudar o cenário internacional. Enquanto isso, a República preparava-se para encetar uma resistência a toda força.

## Capítulo 4

# A construção da Espanha rebelde

> Vencereis, mas não convencereis.
> Esta será a vitória do pior, de um ramo do catolicismo que não é cristão e de um militarismo paranoico gestado nas campanhas coloniais.
> (Miguel de Unamuno)

A ira tem raízes no medo.

Os historiadores que escrevem sobre a Guerra Civil Espanhola costumam estabelecer um contraste nítido entre a unidade política dos rebeldes liderados por Franco e a fragmentação e a dissonância vigente entre os republicanos, mas as razões disso raramente são bem explicadas. É verdade que existia uma coesão muito maior na ideologia compartilhada pelos que apoiavam os rebeldes. O medo sentido por todos os setores afinados com o franquismo, e que estava na raiz do ódio contra tudo o que fosse "republicano", gerava uma tremenda força de coesão política e psicológica. Entretanto, desde maio de 1937, a desunião entre os republicanos teve menos a ver com ideologia e política interna do que com os efeitos acumulados do impacto material e psicológico negativo da não intervenção, da derrota militar e da progressiva deterioração da posição internacional da República. Se os exércitos de Franco não estivessem avançando de maneira constante e (quase sempre) ganhando as batalhas graças à ajuda dos alemães e dos italianos, as tensões e conflitos políticos no interior da coalizão franquista teriam sido muito maiores. O espírito democrático que sustentava a política republicana – ainda que inibido pelos imperativos da guerra – fazia muito mais visíveis as divisões e desavenças políticas, ao passo que a unidade dos rebeldes, forjada a partir da fragmentação de julho de 1936, parecia ser, pelo menos em parte, o produto de uma unidade fabricada pelas técnicas ditatoriais. Este capítulo analisa como se construiu a Espanha rebelde – de "cima para baixo" e "de baixo para cima" – ao mesmo tempo em que analisa a evolução da dimensão internacional da guerra.

O título deste capítulo faz referência à Espanha "rebelde" em vez de Espanha "franquista" não para pôr em dúvida a rápida projeção política e militar de Francisco Franco, e sim para lembrar que sua ascensão foi um processo, e não um *fait accompli*. Franco e seus partidários mais próximos empenharam-se fortemente em consolidar e estender seu poder pessoal. Mais tarde, parte desse intenso labor evoluiu para a elaboração de peças de propaganda que apresentavam Franco como o "homem do destino" designado por Deus para o poder. É quase certo que o general tenha acabado por acreditar em seu mito. Mas não há razão para que façamos o mesmo.

A ascensão de Franco, embora não irreprimível, contou com a grande ajuda de uma sequência de mortes fortuitas que resultaram na retirada de cena de seus rivais mais importantes, ou por acidente ou executados pela República. Mas a grande vantagem de Franco no começo da guerra foi controlar o Exército da África, aliado ao fato de que sua iniciativa pessoal é o que mais contribuiu para incentivar o apoio de Hitler e Mussolini aos rebeldes. Na opinião dos alemães e dos italianos, a direita espanhola era um bando de grupos conspiradores, de péssima coordenação e visão limitada. Tampouco os impressionou, pelo menos de início, o general Mola, diretor da conspiração, em parte porque seu pedido de ajuda foi modesto, e também porque o encaminhou por intermédio de representantes monarquistas, que eram vistos como um dos grupinhos incapazes. Contudo, Hitler e Mussolini viram em Franco um militar sério, dono de um plano estratégico, o que contribuiu para que seu "nome" aparecesse rapidamente. No dia do golpe, a imprensa britânica referiu-se a Franco como o irmão do famoso aviador Ramón Franco. Menos de uma semana depois, jornais de Roma e de Londres já falavam dos rebeldes como *i franchisti*, as "forças de Franco". Não resta dúvida de que o general tinha vantagens consideráveis, mas a verdade é que se empenhou bastante para tirar o máximo proveito delas. Logo depois do golpe, ele organizou a própria secretaria de imprensa – bem sugestivo de suas ambições e autoconfiança. Essa secretaria de imprensa permitiu-lhe explorar todo o efeito propagandístico e político da liberação da cidade de Toledo no final de setembro (descrita no Capítulo 3).

Graças à sua vitoriosa campanha no Sul, Franco ascendeu ao posto de chefe político e militar supremo das forças militares rebeladas. Valendo-se da amizade com alguns generais que mantinham boas relações com os monarquistas e com a Falange fascista, Franco conseguiu convencer esses dois grupos de que daria impulso aos objetivos deles. O fato de não se identificar com nenhuma organização política em particular também o avalizava perante a direita civil e militar. Apenas um dos seus companheiros de conspiração, o general Miguel Cabanellas, opôs-se à indicação do nome de Franco durante a reunião da junta militar em Salamanca, em 21 de setembro de 1936. Cabanellas, presidente simbólico da junta, um africanista que tinha sido chefe de Franco, declarou profeticamente que, se lhe entregassem a Espanha, ele pensaria que o país lhe pertencia, e, se lhe dessem o poder absoluto, jamais renunciaria a ele.

Embora Franco não tivesse uma filiação política específica – além de um vago monarquismo que, aliás, compartilhava com a maior parte da oficialidade –, desde o começo era evidente que seus objetivos na guerra eram essencialmente políticos. Vimos no Capítulo 2 que a estratégia militar de Franco baseou-se desde o início na missão de "salvar a Espanha", ou melhor, preservar determinado tipo de ordem social e política no espaço geográfico da Espanha. Muito da visão que o general tinha de si mesmo em comparação com os demais vinha de sua experiência nas campanhas coloniais do Norte da África. Sua inabalável autoconfiança e sua obstinação – em assuntos militares ou políticos – deviam muito à tenacidade territorial genérica dos oficiais africanistas.

Cabanella, aliás, não foi o único a se dar conta disso; um alto oficial do exército republicano, igualmente ex-africanista, assinalou mais tarde:

> Eles nos dizem: "Venham com tantos homens, ocupem a posição tal e tal e não se movam sem receber ordens". A posição que Franco ocupou é a nação, e, como ele não tem um superior, dali não se moverá.

Seguro de suas crenças, Franco não tinha dúvidas de que o uso do terror contra a população civil era justificado. Ele abriu as cidades e os povoados ao bombardeio aéreo maciço. A Espanha foi o primeiro país europeu a suportar esse acme da guerra moderna. Os bombardeios contaram sempre com o apoio dos fascistas alemães e italianos, mas seriam impensáveis sem a aprovação explícita de Franco. Depois das incursões aéreas em Madri e Durango, vieram os ataques à Guernica, sede simbólica do nacionalismo basco. O povoado, que não possuía defesa antiaérea, foi arrasado em 26 de abril de 1937, em três horas de bombardeio de saturação realizado pela Legião Condor alemã e pela Aviazione Legionaria italiana. O alvo estratégico do ataque não era militar, e sim o abatimento moral da população civil. Com a destruição de Guernica, pretendia-se matar o entusiasmo da resistência basca, objetivo que em um importante sentido foi cumprido.

Para protegê-las dos bombardeios aéreos, cerca de 15 mil crianças foram retiradas da cidade. Enviaram-nas a diferentes destinos, inclusive para a Grã-Bretanha, que mantinha vínculos históricos e comerciais com o País Basco; 5 mil foram levadas para a Bélgica e 3 mil para a União Soviética. No entanto, o que se imaginou ser um alívio temporário, converteu-se para muitos em uma odisseia que durou a vida inteira; até os que tentaram regressar tiveram de passar pela experiência de alienação da cultura e da identidade.

A maioria dos grandes centros populacionais da República foram bombardeados. Barcelona, com suas escassas

14. Cartaz de propaganda antigermânico produzido pela CNT anarcossindicalista mostrando os efeitos dos bombardeios de massa sobre as cidades republicanas (no caso, a cidade de Madri). O uso irônico da palavra *Kultur* é uma réplica implícita à declaração de Franco de que estava lutando em defesa da civilização.

defesas antiaéreas, foi alvo de sucessivos bombardeios entre janeiro e maio de 1938. Apesar de causarem pânico e deixarem um rastro de sofrimento e destruição, os ataques aéreos causaram mais ódio e rancor do que medo. Ainda que por um lado negativo, as bombas enviadas por Franco também contribuíram para criar um novo sentido de identidade republicana em amplos setores da população urbana espanhola.

O que mais chocava os observadores externos era que os bombardeios aéreos estavam ocorrendo no contexto de uma guerra civil – isto é, Franco estava bombardeando "seu próprio povo". Não era esta, sem dúvida, a percepção do *Generalíssimo* e de seus companheiros de armas, que viam nos ataques um objetivo superior: a purificação da "Espanha". Para tanto, era necessário levar adiante não só uma guerra colonialista contra a população pobre insubordinada do "Sul profundo", pois as cidades industriais também eram importantes redutos de degradação moral. O general Mola, que, até sua morte em um desastre de avião em junho de 1937, tinha um discurso ainda mais veemente do que o de Franco, falava em destruir toda a indústria de Bilbao e de Barcelona, pois somente dessa maneira conseguiriam livrar a Espanha das suas principais fontes de envenenamento. Em outras palavras, a saúde da "nação" exigia a eliminação do proletariado industrial.

Apesar da impressionante violência dos bombardeios aéreos em massa, no verão de 1937 houve uma nítida mudança na estratégia militar das forças franquistas. Após os primeiros meses em que preponderou o avanço rápido de milícias dispostas em colunas, iniciou-se uma *guerra de desgaste*, ou guerra de atrito. Franco não era um estrategista particularmente criativo ou inovador, mas tinha clareza sobre o tipo de guerra de que precisava. Melhor do que qualquer outro comandante rebelde, ele havia entendido que a guerra seria longa e árdua, e tentou levá-la nessa direção, pois de outro modo não conseguiria alcançar seu objetivo de minar as forças do inimigo político. Assim, a guerra passou a priorizar o controle da população, e não só dos territórios.

Em abril de 1937, Franco já dizia ao embaixador italiano Roberto Cantalupo, quando este lhe explicou que os italianos preferiam a estratégia da conquista militar rápida, que em uma guerra civil esse poderia ser um grande erro, pois não resolveria a questão principal de como "redimir" o território conquistado.

> Temos de realizar a tarefa de pacificação e redenção moral, necessariamente lenta e metódica, sem a qual a ocupação militar seria inteiramente inútil.

Para alcançar esse objetivo bastante específico, Franco estava disposto a tolerar grandes baixas em suas tropas, perdas humanas que uma estratégia diferente teria evitado. Daí o comentário de um oficial do exército espanhol de que Franco era responsável pela morte de mais franquistas do que qualquer outra pessoa por ter escolhido uma estratégia de atrito.

Franco estava convencido de que o exército tinha o direito absoluto de impor sua vontade e que a organização militar era a melhor forma de estruturar a sociedade espanhola. Como boa parte dos militares que haviam planejado o golpe, ele concordava plenamente com a ideia de um esquadrão de soldados a "salvar a civilização". Contudo, também compreendia a necessidade do que seus colaboradores mais próximos aconselhavam. O *estado campamental* inicial teria de ser aperfeiçoado para que a vitória de Franco se transformasse na situação política duradoura que se pretendia. Ramón Serrano Suñer, brilhante advogado, antigo militante da Juventude de Ação Católica, ala jovem semifascista do partido católico de massas da Espanha, o CEDA, foi o cérebro que elaborou as ideias sobre a construção de uma estrutura formal de Estado e de um movimento franquista de massas. Suñer tinha sido amigo por muitos anos de José Antonio Primo de Rivera, o líder da Falange executado na prisão pelo governo republicano em novembro de 1936. Além disso, ele tinha outra grande vantagem pessoal: era cunhado do *Generalíssimo* Franco, o que levou as más línguas a logo o apelidarem de *cuñadísimo*.

Suñer, arquiteto do novo Estado franquista que em seguida já era a figura mais poderosa da Espanha rebelde depois de Franco, quase fora vítima de execução extrajudicial na zona republicana; seus dois irmãos perderam a vida desse modo. Havia, portanto, razões pessoais para sua hostilidade com a democracia republicana. (Em 1940, Suñer teve grande responsabilidade na decisão política de deportar republicanos espanhóis para campos de concentração nazistas.) Mas não era só a inegável capacidade intelectual de Suñer que o distinguia perante Franco: igualmente distinto era o fato de não contar com uma base pessoal de poder – o que significava que ele jamais poderia desafiar a base de poder do Generalíssimo. Suñer trabalhava com o irmão e secretário de Franco, Nicolás. Em 1937, eles unificaram a Falange e os monarquistas carlistas, cujas milícias eram as mais numerosas do novo exército de massas em formação.

A unificação era um casamento forçado cujo principal beneficiário foi o próprio general Franco. De uma vez só ele ganhou uma burocracia e uma base de apoio político, ao mesmo tempo em que pôs sob seu controle direto os rivais mais importantes. Alguns falangistas da velha guarda ("camisas velhas") que se opunham à unificação por razões ideológicas foram excluídos da nova organização ou *Movimiento*, como foi chamado. O volume de filiações aumentou muito. Os "camisas novas" se filiavam atraídos pelos empregos e oportunidades de fazer carreira, a mesma motivação do grande número de adesões ao Partido Fascista italiano após a ascensão de Mussolini ao poder. Esse clientelismo ajudou Franco a consolidar seu poder porque diluía, quando não neutralizava por completo, a oposição da velha guarda. Essa oposição ressurgiria depois da guerra – assim como as tensões entre a Falange, os monarquistas e os setores ligados às redes associativas da Igreja Católica, ou seja, os elementos componentes de sua base de poder. Muitos "camisas velhas" se alistaram na Divisão Azul, que Franco enviou para lutar ao lado dos alemães na frente leste em 1941, livrando-se assim de uma fonte potencial de oposição interna. De qualquer maneira, conflitos ressurgiram depois da guerra entre a Falange e a cúpula militar. No entanto, os falangistas nunca tiveram força suficiente para constituírem um desafio sério, já que, durante a guerra, o sempre precavido Franco cuidou para que não se formasse nenhuma unidade militar politicamente homogênea dentro do seu novo exército. De igual modo, as tentativas da Falange no pós-guerra de controlar por intermédio de seções militares específicas, como a divisão de paraquedistas, foram bloqueadas, e os generais "políticos" que participaram desses complôs foram punidos com severidade por Franco.

Enquanto durou a guerra, porém, os aliados do campo falangista, cujas aspirações políticas tinham sido frustradas, ou os que faziam outro tipo de crítica se controlaram. O fato de seu exército estar ganhando quase todas as batalhas ajudou-os muito nessa autocontenção. Do mesmo modo que o forte sentimento de objetivo compartilhado, baseado na aversão que todos os franquistas tinham pela República e na determinação de erradicar o desafio político e cultural da "modernidade desordenada", representado pelos republicanos, ao mundo da ordem "natural" e da hierarquia que os franquistas preferiam.

As verdadeiras transformações sociais e culturais na zona rebelde sugerem, porém, uma situação muito mais complexa e ambígua do que a visão dualista idealizada de muitos franquistas. Em nenhum outro lugar essas transformações foram tão visíveis quanto na vida de muitas mulheres, mudanças que em vários aspectos assemelhavam-se às da zona republicana. Nas áreas dominadas pelos franquistas, as mulheres não foram recrutadas para trabalhar nas indústrias de guerra, porque a ajuda alemã e italiana tornou seu trabalho desnecessário. Tal como aconteceu na zona republicana, elas foram convocadas em massa para atender às novas necessidades de serviços de saúde e assistência social criadas pela guerra, especialmente no atendimento médico, na administração de orfanatos, nos postos de emergência e nos refeitórios. Na Espanha franquista, quem mais partici-

15. Mulheres da organização Auxilio Social distribuindo comida à população da zona rebelde.

16. Mulheres da alta sociedade da Espanha franquista saudando a bandeira.

pou dessa mobilização foram as mulheres de classe média urbana e provincial.

Muitas delas filiaram-se à Sección Feminina (SF) da Falange, uma organização que teve um papel importantíssimo no imediato pós-guerra e que combinava a prestação rudimentar de serviços sociais e de saúde com a vigilância e a punição "moral" das famílias republicanas.

Os franquistas, inclusive da Falange, salientavam que eles, ao contrário dos republicanos "anormais", estavam convocando mulheres para funções de assistência médica, portanto, compatíveis com seu papel tradicional. Entretanto, essa retórica política não conseguia disfarçar o fato de que a SF oferecia um novo papel público a um número considerável de mulheres que se consideravam engajadas em um projeto patriota de construção de uma nova ordem na Espanha. Uma das maiores contradições da seção feminina era constituir um "exército" de mulheres não casadas e economicamente independentes que pregasse ao seu público feminino o evangelho da domesticidade e da submissão. Embora certos fatores demográficos relacionados com a guerra ajudem a explicar o fenômeno de pós-guerra da SF, também é verdade que com o tempo a SF desempenhou um papel longe de insignificante na transformação das relações de gênero e na dinamização da mudança social e cultural.

Em ambas as zonas, a guerra teve um efeito dinamizador sobre a cultura – entendida tanto como um processo de intermediação da mudança quanto, mais estritamente, como objetos específicos de consumo: canções, filmes, peças de teatro, obras de arte. Os franquistas, assim como os republicanos, criaram novos produtos culturais com objetivos propagandísticos, fossem programas de rádio (a mídia preferida pelos franquistas para disseminar propaganda de guerra), fosse arte visual, filmes ou noticiários cinematográficos. Mas também houve um forte elemento de continuidade. Seguiu existindo, na zona republicana e na zona franquista, uma vigorosa cultura popular de massas, e boa parte dela não tinha abertamente caráter político ou propagandístico. Em tempos de guerra, a cultura popular adquiriu uma importância social ainda maior, justamente porque ao proporcionar às pessoas um espaço em que elas podiam sonhar oferecia-lhes um momento de trégua para sua dolorosa situação imediata. Expressões desse tipo de cultura nas duas zonas de conflito eram as canções populares comercializadas, os cabarés e os cafés-concerto – e tudo isso permaneceu, não obstante as campanhas moralistas realizadas no território franquista e a desaprovação (mais efêmera) de alguns revolucionários na Espanha republicana.

O cinema comercial foi, sem dúvida, a mais importante de todas essas formas de cultura popular. O nascimento da República em 1931 coincidiu com a chegada à Espanha do cinema falado, e durante os cinco anos subsequentes a indústria cinematográfica espanhola cresceu de modo significativo. Para uma população de cerca de 24 milhões de pessoas havia mais de 3 mil salas de cinema. Os vários gêneros de produções hollywoodianas – os filmes românticos, os musicais e as comédias – eram parte importante desse cinema popular, e continuaram a sê-lo durante toda a guerra civil nas duas zonas do conflito, embora as autoridades franquistas costumassem desaprovar a "decadência" desse tipo de filme e os submetesse a rigorosa censura. Muitos filmes alemães e italianos também eram exibidos na zona franquista, mas a produção cinematográfica nessa região de material popular ou político foi seriamente prejudicada pelo fato de que a maioria das instalações de produção continuava em mãos republicanas. Em consequência disso, os produtores de cinema comercial ou de propaganda política passaram a fazer seus filmes nos estúdios de Roma e de Berlim.

Na Espanha, o apoio tecnológico mais decisivo de alemães e italianos intensificou-se no início de 1937, quando Hitler e Mussolini concluíram que a única forma de apressar uma vitória dos rebeldes era aumentar substancialmente a ajuda militar. Esse empurrão dos dois ditadores coincidiu, porém, com a deliberada desaceleração do avanço das tropas de Franco em território republicano, o que provocou uma inevitável elevação da tensão política. Cansados da lentidão do general, Hitler e Mussolini começaram a duvidar de sua competência militar e o obrigaram a aceitar a presença de italianos e alemães no seu estado-maior – situação que aos oficiais superiores franquistas pareceu tão imprópria quanto a presença de consultores militares soviéticos na Espanha republicana. Além disso, em virtude da dependência absoluta dos armamentos e tecnologia italianos, Franco teve de tolerar a presença de unidades militares italianas operando com um grau de autonomia jamais desfrutado pelas Brigadas Internacionais. A partir de janeiro de 1937, a Itália passou a fornecer a Franco um número substancial de soldados.

A introdução de um sistema eficaz de serviço militar na zona franquista pretendia atender de certa forma a essa demanda. No entanto, a necessidade de tropas bem treinadas possibilitou que os inimigos capturados na frente de guerra fossem tratados de modo diferente dos aprisionados na guerra suja na retaguarda franquista. A maioria dos soldados republicanos capturados era requalificada e incorporada ao exército de Franco, tal como faziam com os franquistas na zona republicana. Os que tinham sido recrutados para o exército republicano eram requalificados mais rapidamente, embora isso não os livrasse de inquérito político após o fim da guerra, ou de longas penas de confinamento em presídios, ou inclusive de condenação à morte – o que torna ainda mais problemático considerar o exército franquista como um instrumento de construção nacional. Aqueles que haviam se apresentado voluntariamente ao exército republicano passavam por rigorosa investigação antes de serem incorporados às fileiras franquistas. Os oficiais republicanos eram invariavelmente submetidos a duro interrogatório e, às vezes, executados. Os comissários políticos que podiam ser identificados como tal recebiam o tratamento mais brutal e geralmente eram fuzilados. Os brigadistas internacionais, por serem estrangeiros e "mercenários", caíam nessa mesma categoria e eram quase todos executados, principalmente se também fossem oficiais superiores e comissários políticos.

Com esses atos, Franco estava violando as Convenções de Genebra para o tratamento de prisioneiros de guerra – mais tarde, em 1937, o número de execuções teve de ser reduzido para permitir a troca dos estrangeiros por soldados italianos capturados pelos republicanos.

Além de forças terrestres, Franco precisava cada vez mais dos aviões que somente a Alemanha e a Itália podiam fornecer-lhe. Foi essa ajuda que lhe permitiu exibir grande superioridade militar durante quase toda a guerra, salvo em três ocasiões: a batalha pela tomada de Madri em fins de 1936, a Batalha de Jarama, em fevereiro de 1937, e a de Guadalajara, em março do mesmo ano, quando os italianos foram derrotados. O preço dessa superioridade militar foi o aumento da dependência do apoio alemão e italiano. O que Franco estava fazendo era hipotecar os recursos econômicos da Espanha para levar a cabo sua guerra de extermínio. Contudo, em contraste com as frequentes declarações dos estudiosos sobre a "dependência" política da República em relação à União Soviética, raramente sugere-se que a Espanha franquista era uma colônia nazista ou fascista, nem mesmo no período imediatamente posterior à guerra civil, apesar das provas robustas de sua posição como colônia alemã "informal" (ver o Capítulo 6). Seja como for, uma vitória franquista na guerra civil levaria necessariamente a supor uma Espanha favorável ao agressivo expansionismo territorial da Itália e da Alemanha. Isso porque Franco e toda a direita espanhola estavam obcecados pela ideia de recuperar o império perdido no século XIX, e viam na ruptura com o *status quo* internacional por parte da Alemanha nazista a melhor maneira de consegui-lo – no vácuo da vitória fascista.

Assim, uma vitória de Franco na guerra civil no mínimo aumentaria a ameaça aos interesses imperiais da França e da Grã-Bretanha, dada a importante posição estratégica da Espanha como porta de comunicação com as colônias desses países. Entretanto, apesar de a escalada do apoio alemão e italiano a Franco desde a primavera de 1937 ter causado preocupação aos círculos britânicos, o fato jamais chegou a pôr em xeque a política de não intervenção. É comum afirmar que os políticos britânicos tinham uma impressão exagerada acerca do ritmo do rearmamento alemão e que isso eliminava toda possibilidade de se oporem à ação de Hitler na Espanha. Mas esse dilema nunca existiu. Embora a Grã-Bretanha tenha passado a guerra inteira tentando inutilmente separar a Itália da Alemanha, quase ninguém no governo britânico acreditava que uma vitória franquista, mesmo que obtida com apoio fascista, representasse uma real ameaça aos interesses britânicos.

A maioria das elites governantes britânicas parecia ver em Franco, o "cavalheiro cristão", um antídoto contra esse perigo. É provável que o governo também calculasse que os requisitos da reconstrução do país no pós-guerra – no plano comercial e no da ajuda em geral – obrigariam Franco a chegar a um acordo com a Grã-Bretanha, considerando pelo menos a necessidade de levantar empréstimos que somente o centro financeiro britânico podia proporcionar. Se tudo mais falhasse, a Armada Real poderia bloquear a Espanha. Mas em todas essas extrapolações havia uma hipótese implícita: que a essência da ordem política e financeira do velho mundo não seria afetada pelas ambições imperialistas do Terceiro Reich e sua aposta na conquista do continente e até do mundo. As vozes que se insurgiram contra essa complacência fatal foram raras e isoladas. Anthony Eden estava prestes a formalizar sua renúncia em fevereiro de 1938, mas este fato não teve repercussão na política britânica. Meses mais tarde, no fim do ano, Winston Churchill declarou-se publicamente contrário à política de apaziguamento com a Alemanha e a Itália mediante a não intervenção na Espanha. Opondo-se à visão ainda dominante no Partido Conservador, Churchill quase disse que com a política de apaziguamento a Grã-Bretanha estava permitindo que seus interesses de classe prevalecessem sobre os interesses estratégicos do país.

Com suas lealdades fascistas e a criação de um partido único – nominalmente fascista, pelo menos –, Franco também se arriscava a afastar-se da entidade de que mais dependia para sua segurança política, a Igreja Católica. Tanto a

Igreja espanhola quanto o Vaticano estavam apreensivos com os aspectos radicais do fascismo, especialmente a exaltação do Estado, que ameaçava seu controle sobre os fiéis. A Igreja também se opunha ao nazismo devido ao seu ateísmo: o que provocou a condenação pública do racismo hitlerista, *Mit brennender Sorge* (*Com ardente preocupação*), emitida em meados de março de 1937. Para Franco, essa condenação não podia ser mais inoportuna. Fazia duas semanas que suas forças tinham iniciado a ofensiva no País Basco, que contou com o apoio aéreo alemão; não podendo arriscar um afastamento da cúpula nazista, Franco suprimiu a publicação do documento do Vaticano na zona sob seu controle. As autoridades militares também fizeram vista grossa à difusão por parte da Falange das críticas alemãs ao documento papal.

Apesar de tudo, a hierarquia eclesiástica da Espanha continuou a identificar-se de modo inequívoco com o general Franco. Sua hostilidade comum ao racionalismo, à maçonaria, ao liberalismo e ao socialismo e comunismo criou bases ideológicas amplas que impediam outro tipo de ação. A lembrança da violência anticlerical no território republicano reforçara a ascendência dentro da Igreja Católica espanhola de setores conservadores, que estavam determinados a sepultar a República liberal e secular devido ao desafio que ela representava ao poder político eclesial e aos seus valores culturais. E Franco lhes oferecia justamente a oportunidade de fazê-lo. Embora a consequente aliança entre a Igreja e a ditadura pudesse parecer-se superficialmente com as variantes do elo entre "trono e altar" de épocas anteriores, na verdade isso constituía uma relação nova, pois oferecia à Igreja importantes oportunidades de estender sua influência por meio das suas novas funções disciplinares exercidas em nome do Estado franquista. Essas funções não se limitavam à esfera previsível da censura e do controle da educação; os religiosos também teriam uma função-chave na direção dos presídios, reformatórios e outras instituições correcionais.

Em contraste com a Igreja Católica da Espanha, o Vaticano tinha de agir com mais cautela. Suas simpatias tendiam para a causa franquista, mas a Igreja Romana tinha de levar em conta o destino dos católicos no território republicano. Um aspecto ainda mais importante nos cálculos do Vaticano era o dano potencial à credibilidade do catolicismo se a sua força na Espanha chegasse a ser percebida como resultante da conquista militar franquista. "Vencereis, mas não convencereis": o dilema da Santa Sé está contido nessa frase do filósofo católico Miguel de Unamuno, que a pronunciou em outubro de 1936, em desafio ao exultante grito de guerra dos rebeldes, "Viva a morte!" – exatos dois meses antes de sua morte em prisão domiciliar na capital da Espanha insurreta, Salamanca. O dilema era evidente também na complexa diplomacia do Vaticano durante a guerra. Não houve uma ruptura formal de relações com a República; na realidade, essas relações foram reativadas na última fase da guerra civil (ver Capítulo 5). Em 1937, o Vaticano empreendeu tentativas malsucedidas de intermediar um acordo de paz com Franco em benefício dos bascos. Mais revelador é que somente na primavera de 1938, quando a vitória dos rebeldes parecia iminente, o Vaticano estabeleceu relações diplomáticas plenas com a Espanha de Franco.

O general Franco e seus consultores empenharam-se fortemente para integrar os elementos tradicionais e modernos de sua base de poder. Essa tentativa evidenciava-se nas cerimônias em que símbolos fascistas se misturavam com os da Espanha imperialista e o passado católico autoritário. Muitos argumentam que o importante papel desempenhado pela Igreja Católica sugere que o melhor modo de definir o franquismo é como uma ditadura arcaica, que aboliu a democracia de massas e o fez sem recorrer a meios inovadores ou modernos. A Falange, que se autoproclamava fascista, sempre foi um elemento subordinado e secundário (embora importante) no regime. Mas há outras maneiras de responder à pergunta sobre o que era o franquismo.

Todas as forças políticas que o compunham rejeitavam de maneira explícita a democracia parlamentar e o Estado de direito como sintomas vis da era liberal. Mas, ao contrário dos conservadores tradicionais, os franquistas não consideravam essas coisas como formas políticas externas que se pudesse simplesmente proibir. Em vez disso, pensavam que elas já se haviam incorporado a uma grande parte da população espanhola; em uma palavra, que essa população já havia sido "contaminada". O problema não era mais o corpo político, mas o corpo biológico da "nação" e seu controle total. Nisso consistia a estratégia militar de Franco: a colonização interna da metrópole a fim de destruir a nação/cultura republicana "alienígena". O regime de Franco erigiu seus objetivos e práticas políticas sobre essa crença fundamental, a necessidade da "purificação" – o que, por definição, significava que teria de ir muito mais longe do que uma ditadura tradicional para remediar o "problema".

Esse "ir muito mais longe" pode ser visto com bastante clareza no tratamento que o franquismo deu aos derrotados. Há uma assombrosa uniformidade na degradação e coisificação infligidas a centenas de milhares de prisioneiros republicanos após o término do conflito militar (mais detalhes no Capítulo 6). Especialmente significativa foi a incrível necessidade dos capturadores de destruir não só os corpos dos capturados, como também suas mentes, antes de matá-los; e, inclusive, quando não os matavam, de deixá-los, por assim dizer, psicologicamente "reconfigurados" pela experiência do cárcere, do campo de trabalhos forçados, dos reformatórios juvenis e de uma multiplicidade de outras formas de repressão judicial, cívica e econômica. Esse imenso processo de fabricação de uma "antinação", de uma "anti-Espanha", ou de exclusão do outro – que por mais de uma década, desde o fim das hostilidades, consumiu uma quantidade enorme de energia e recursos do país – foi de maneira paradoxal um fator crucial na construção (ou "reconstrução" como interpretaram os franquistas) de uma Espanha homogênea e hierarquizada.

A guerra civil foi essencial para a construção da nação. Em certa medida, a mobilização tornara realidade o ideal da "Espanha" projetado na propaganda franquista: uma comunidade nacional monolítica preparada para o sacrifício próprio. O sofrimento e as perdas pelos quais passaram os setores conservadores da sociedade espanhola durante a guerra civil ajudaram a forjar uma identidade franquista da mesma forma que criaram uma identidade republicana no território contrário. No entanto, a característica do franquismo foi a brutalidade com que o regime se apropriou dessa experiência de perda para fins políticos específicos, sobretudo para a própria legitimação. O fator decisivo para isso foi a imensa máquina de denúncias que Franco instalou depois de sua vitória militar em 1º de abril de 1939. Os espanhóis foram obrigados a denunciar seus vizinhos aos tribunais militares e civis. Esse vasto processo de denúncias, analisado no Capítulo 6, transformou milhões de "espanhóis comuns" em cúmplices da repressão.

Em fevereiro de 1939, Franco aceitou um acordo secreto para unir-se à Alemanha, Japão e Itália no pacto anticomintern. No mês seguinte, assinou o acordo e declarou publicamente que a Espanha ingressaria no pacto logo após sua vitória na guerra civil. No explícito alinhamento político do Generalíssimo com as potências fascistas, a ideologia exerceu influência importante ao lado do interesse estratégico. Não resta dúvida de que o entusiasmo de Franco pela nova ordem nazista na Europa tinha motivações maiores do que a busca de novas colônias espanholas.

No entanto, a questão do catolicismo dificultava a aproximação ideológica entre o franquismo e o nazismo. O nazismo era novidade justamente porque sua vanguarda mais radical procurava levar a sociedade alemã (e europeia) "purificada" além das lealdades às igrejas – católicas e outras –; seu desejo, na realidade, era levar a sociedade europeia a ultrapassar o fundamento ético da própria religião judaico-cristã. Mas a Igreja Católica era a aliada mais importante do franquismo na missão de "purificação", na imposição de disciplina aos corpos e às mentes. Nenhum grupo, nem mesmo o setor da Falange mais pró-nazista, sequer sonhava em descartar a religião.

Essa observação não nos deve levar a supor que a ditadura de Franco era apenas uma forma tradicional de autoritarismo. O franquismo tomou medidas radicais contra alguns proprietários abastados que tinham adotado uma posição política relativamente liberal na década de 30. Aprovaram uma legislação que permitiu a transferência obrigatória maciça de riqueza e propriedades para o Estado, quando isso já não tivesse ocorrido *de facto* por direito de "conquista". A ordem construída depois de 1939 pela Igreja e pelo Estado era nova – não obstante a presença dentro do Estado de membros das elites anteriores à guerra. O novo Estado era também tão hierarquizado e discriminatório quanto o nazista, ainda que o modelo espanhol não se baseasse em uma ideologia racista. O franquismo surgiu por uma necessidade "moderna": a gestão brutal da mudança social conflitiva. O regime também era moderno por sua cooptação maciça de espanhóis mediante a denúncia. Por fim, o franquismo pode ser considerado moderno porque, no fim das contas, boa parte dos processos de mudança social e econômica que o incitaram fugiram à capacidade de gestão brutal ou não do regime.

# Capítulo 5

## A República sitiada

> Uma sociedade que luta para progredir é reduzida pela agressão externa a níveis de dificuldade e mera sobrevivência que o agressor depois usa como prova da impossibilidade do progresso social.
>
> (Eduardo Galeano)

> Continuar lutando, porque não havia escolha, ainda que vencer não fosse possível, salvar o que pudéssemos ou, ao menos, salvar o respeito próprio [...] Resistir por quê? Simplesmente porque sabíamos qual seria o resultado da capitulação.
>
> (Juan Negrín)

Em meados de 1937, a República enfrentava um inimigo cada vez mais armado e equipado graças ao suprimento regular e eficiente de material bélico de primeira qualidade oriundo das fábricas alemãs e italianas. O pacto de não intervenção nada fez para interromper ou reduzir esse fluxo de armamentos que chegava quase sempre em navios fretados e pagos pela Alemanha nazista, mas que viajavam com bandeiras de conveniência e que por isso estavam fora do alcance dos controles do Comitê de Não Intervenção. Dada sua proximidade da Espanha, a Itália usava a própria marinha mercante protegida pela força aérea italiana, ou então seus navios de guerra, que ninguém – muito menos a armada britânica – estava preparado para desafiar. Essas condições garantiram a Franco um suprimento rápido e praticamente ininterrupto, sabendo-se que a pontualidade das entregas muitas vezes era um fator mais importante do que a quantidade. O armamento bélico de origem alemã e italiana também podia ser descarregado nos portos portugueses com a cumplicidade das autoridades locais. Como a ajuda militar provinha diretamente dos governos da Alemanha e da Itália, geralmente trazia suporte técnico e apoio logístico integrados. A ajuda prestada pela União Soviética à República, por outro lado, não era suficiente para contrabalançar essa situação, em termos quantitativos ou qualitativos – o máximo que conseguia era oferecer uma precária sobrevivência.

Stalin não queria nem podia enviar material das fábricas soviéticas em uma quantidade que teria permitido à República competir em igualdade de condições no campo de batalha a partir do final de julho de 1936, quando a Itália e a Alemanha incrementaram seu apoio a Franco. Em 1937, a produção industrial soviética tentava reorganizar-se de maneira caótica, prejudicada ainda pelos expurgos, e, durante todo o período da guerra civil na Espanha, sua verdadeira capacidade produtiva não chegou nem a cinquenta por cento do que foi divulgado. Nessas condições, é surpreendente que Stalin tenha enviado a quantidade de armamento que chegou à Espanha. O material bélico enviado era de alta qualidade – principalmente os aviões e os tanques, que, como vimos no capítulo anterior, foram essenciais para a sobrevivência da República, sobretudo no começo da guerra. Contudo, boa parte da "ajuda soviética" que manteve a República em funcionamento não se originava de suas fábricas, mas era obtida em outros lugares com a intermediação da União Soviética.

A República precisava dos serviços da União Soviética porque o pacto de não intervenção a proibia de comprar armamentos de guerra por conta própria no mercado, embora o embargo, que impedia que governos democraticamente eleitos adquirissem armas para se defenderem, provavelmente transgredisse o direito internacional. Como extensão da lógica partidarista da não intervenção tampouco havia, conforme o governo republicano descobriu, nenhum canal seguro no setor bancário ocidental por meio do qual pudesse mobilizar seus recursos financeiros para a guerra. O ouro e a prata que a República depositara em um banco francês foram congelados pelas autoridades e uma importante instituição financeira britânica bloqueara os fundos que seriam empregados na compra de armas – embora o setor bancário inglês não tivesse imposto restrições semelhantes aos agentes de Franco. Foram essas as razões que fundamentaram a decisão do gabinete republicano, em consulta com as autoridades do Banco de España no final de agosto de 1936, de transferir as reservas de ouro nacionais para fora do país com a finalidade de poder mobilizá-las sem impedimentos para financiar o esforço de guerra. (Cabe assinalar que esse gabinete era inteiramente composto por ministros dos partidos republicanos, já que nem o Partido Socialista nem o Partido Comunista Espanhol nessa época faziam parte do governo.) As primeiras remessas de ouro saíram da capital sitiada em meados de setembro com destino ao porto de Cartagena, no Sudeste da Espanha. Uma vez definido que a União Soviética estava disposta a oferecer ajuda militar, as autoridades republicanas concordaram em outubro de 1936 em transferir o ouro para lá. Além da União Soviética, o México foi o único país que se mostrou disposto a ajudar a Espanha republicana como agente na transação. Apesar de ter prestado uma assistência valiosa e relativamente desinteressada, sobretudo no começo da guerra, a União Soviética tinha mais recursos e prestígio internacional do que o México, e era, portanto, muito mais útil à República.

À exceção do armamento enviado diretamente pelos soviéticos, a maior parte do material bélico obtido pela República por meio de intermediários vinha da Europa Ocidental e, na prática, sobretudo da Polônia. Esse fato pode parecer surpreendente à primeira vista, não só porque a ditadura militar polonesa era signatária do pacto de não intervenção, como também porque era politicamente simpática a Franco. No entanto, vender armas para a República espanhola era uma oportunidade demasiado lucrativa para desperdiçar, principalmente porque permitiria à Polônia desfazer-se de estoques obsoletos e defeituosos, e assim auferir uma receita benéfica para seu tesouro em crise e para o próprio programa de rearmamento.

A política de não intervenção significou que a República sempre teria de pagar muito mais do que o valor do material que conseguisse. A posição cativa do comprador e uma oferta insuficiente levaram ao suborno, à corrupção e a preços enormemente inflacionados, criando um mercado negro de armas a que somente a República foi obrigada a recorrer para se manter viva. Os republicanos tiveram, além disso, muita dificuldade para encontrar pessoas capazes de se moverem no universo nebuloso do tráfico internacional de armas, pois os negociantes mais ladinos tendiam a estar do lado franquista. Os agentes de contratação a serviço dos republicanos eram muitas vezes espoliados por intermediários e oportunistas de toda sorte (não raro funcionários estatais) ávidos por meter a mão no ouro da República. Isso porque, ao contrário da ajuda alemã e italiana a Franco, que sempre chegava na forma de crédito bancário, a República tinha de pagar à vista, em espécie, quer fosse a compra realizada com traficantes de armas, com outros intermediários, quer fosse com a União Soviética – que também extraía ganhos máximos da República.

O fato de o governo republicano precisar recorrer a um amplo leque de fontes para armar-se criou situações que seriam cômicas não fossem as circunstâncias desesperadas: armas chegavam com munição incompatível ou com instruções de uso em idiomas estrangeiros ininteligíveis; outras vezes chegavam sem apoio logístico ou sistema técnico de segurança, ou acabavam demonstrando ser equipamentos antigos mais adequados para um museu do que para a frente de batalha.

Contudo, os problemas da República com os equipamentos bélicos não se limitavam ao suprimento; a entrega também era um pesadelo. A União Soviética é muito longe da Espanha. A República era carente de navios mercantes e a União Soviética, uma potência terrestre, não podia compensar tal carência. De todo modo, o país não estava disposto a pôr em risco sua pequena marinha mercante na longa e perigosa viagem até a Espanha; depois que o navio *Komsomol* afundou, em dezembro de 1936, a União Soviética passou a exigir que a República providenciasse transporte para todo o material bélico que lhe fosse remetido ou obtido por outros meios. Mas a República, que tinha de pagar preços exorbitantes para adquirir armamento e com uma população crescente para alimentar – pois o número de refugiados que vinham da zona inimiga não parava de aumentar –, não dispunha de recursos para fretar navios na escala necessária, como os alemães faziam para Franco.

Desde o início, alemães e italianos atacaram os navios com carregamento de armas que se dirigiam aos portos da zona republicana, embora não estivessem autorizados a fazê-lo. Além disso, desde o fim do verão de 1937, o apoio de alemães e italianos permitiu a Franco bloquear os portos da costa mediterrânea da Espanha, com o que cortou todo suprimento direto de armas para a República. A partir de então, toda a ajuda militar aos republicanos tinha de atravessar a fronteira terrestre com a França. Isso seria, em tese, o fim da República, pois a França era signatária do pacto de não intervenção. Entretanto, o receio de ver-se rodeada de potências fascistas levou o governo francês a seguir uma política ambígua de "não intervenção flexível" – ou seja, a fronteira entre França e Espanha seria permeável, embora de modo imprevisível. A ajuda podia cruzar a fronteira, como também podia ser completamente bloqueada ou retida durante longos períodos. A política de "não intervenção flexível" possibilitou a sobrevivência da República após o bloqueio do Mediterrâneo, mas inviabilizou a sustentação de ações ofensivas porque jamais conseguiu garantir qualidade ou regularidade do suprimento militar. Em suma, não era possível travar uma guerra nessas condições adversas, o que causou enorme prejuízo à capacidade do exército republicano, inclusive pela crescente tensão psicológica que gerava, especialmente nos comandantes que tinham conhecimento pleno de sua falta de reservas.

Em uma tentativa de aliviar a pressão do exército franquista sobre o restante do Norte após a queda do País Basco em junho de 1937, os republicanos iniciaram no verão uma ofensiva na região até então inativa da frente de Aragão no nordeste da Espanha. Valendo-se da surpresa, obtiveram rápido progresso, inclusive porque, em meados de 1937, o exército republicano era uma força de combate eficiente. Contava com oficiais de talento, embora poucos, e era comandado pelo coronel (mais tarde, general) Vicente Rojo, chefe do Estado-Maior republicano que, à diferença de Franco, era um estrategista imaginativo e inovador. Rojo, oficial de carreira desde antes da guerra, era pessoalmente conservador e católico praticante, mas seu compromisso com a República era firme e inequívoco, e se fortalecera em sua experiência de resistência em Madri. A explicação principal de sua opção pela República e contra Franco provavelmente está no fato de que ele não fizera carreira no Exército da África e era indiferente ao espírito dessa corporação. A reputação de Rojo, desde seus tempos de professor na Academia Militar, era de ser uma das mais raras criaturas da cultura militar espanhola, um modernizador e inovador técnico.

A construção do novo exército republicano pressupunha tanto a inovação quanto a improvisação. Embora os comandantes e oficiais superiores espanhóis contassem com a importante assistência de consultores técnicos soviéticos, tratava-se de um recurso escasso: entre seiscentos e oitocentos consultores em toda a zona republicana (cerca de 3 mil soviéticos prestaram serviços à Espanha durante toda a guerra). Apesar da alta qualidade da assistência oferecida por esses militares soviéticos – engenheiros, técnicos, estrategistas e especialistas em guerra de guerrilhas –, não se pode deixar de reconhecer a magnitude dos feitos dos republicanos espanhóis na construção de uma nova força de combate. Era inevitável que, dadas as circunstâncias presentes no nascimento dessa nova força, e considerando a necessária rapidez com que se formou, houvesse falhas estruturais, sobretudo a falta de comandos intermediários (o setor das forças armadas que mais apoiou Franco) e uma insuficiente articulação dentro e entre os grupos regionais. O próprio Rojo comentou que "temos cinco exércitos, e não um". As repetidas derrotas durante o segundo semestre de 1937 acabariam por erodir ainda mais seus quadros mais bem treinados e por aumentar a desarticulação interna.

Apesar disso, o ânimo para o combate do exército republicano permaneceu notavelmente elevado durante toda a guerra civil, a despeito das derrotas. Contrastando com o cansaço e a desmoralização que tomaram conta da retaguarda republicana por volta de 1938, a moral do exército permaneceu quase intacta, e, ainda que ocorressem deserções, foram em número limitado. Isso se devia em parte à forte experiência de companheirismo e solidariedade na frente de batalha e também ao papel dos comissários políticos (analisados no Capítulo 3). E, com certeza, também era um reflexo da prioridade atribuída pelo governo republicano à provisão e abastecimento das tropas relativamente à população civil. Comparada com outras guerras da Era Moderna, sabemos pouco sobre os valores e sentimentos dos combatentes no exército republicano, mas não há razão para duvidar da força do processo de socialização promovido pela experiência de combate e mobilização – um processo que em certa medida também se realizou na retaguarda, a despeito dos problemas da disposição de luta. Esse processo de socialização inculcou nos republicanos um forte sentimento de identidade em muitos daqueles que anteriormente se mostravam indiferentes. É o que sugere o fato de que pessoas sem antecedentes em militância política estivessem entre as centenas de milhares que tomaram o caminho do exílio em 1939.

Contudo, a coragem e a habilidade na frente de luta em Aragão não foram suficientes para lhes assegurar vantagem por muito tempo. Enquanto batalhas sangrentas eram travadas em Quinto e em Belchite, o armamento destinado aos republicanos ficava preso na fronteira com a França, bloqueado pelos caprichos da política de não intervenção "flexível". Faltavam ainda à República soldados de reserva adequadamente treinados. Além disso, se o acordo de não intervenção tornava difícil equipar adequadamente o exército republicano, também impossibilitava a provisão das tropas de reserva. No fim do verão de 1937, já era evidente que a ofensiva republicana não poderia se sustentar nem impedir a conquista do Norte pelo exército de Franco. A queda de Astúrias (Avilés e Gijón) ocorreu em outubro de 1937 e representou a perda da indústria do carvão e de combatentes republicanos da frente nortista – cerca de 200 mil soldados. Foram perdas vitais que puseram fim a toda possibilidade de uma vitória militar da República na guerra civil. Os acontecimentos em Teruel no rigoroso inverno de 1937-1938 deixaram patente essa impossibilidade.

A Batalha de Teruel, capital da mais desolada província de Aragão, foi outra das campanhas diversionistas de Rojo. O objetivo era desviar a atenção de Franco novamente centrada em Madri. O Generalíssimo ignorou seus conselheiros – alemães, italianos e espanhóis – e desviou as tropas para Teruel. Ele estava aflito para não perder nem um centímetro de território, e sobretudo aproveitar a oportunidade para aniquilar o maior número possível de inimigos, inclusive algumas das melhores unidades do exército republicano. Ao contrário dos republicanos, Franco não tinha de se preocupar em esgotar suas reservas militares, pois podia substituí-las rápida e facilmente.

A batalha se deu em pleno inverno de 1937-1938, um dos mais rigorosos da Espanha até então. As tempestades de neve impediam Franco de usar aviões e transporte mecanizado. Muitos soldados morriam de frio e outros tinham de amputar extremidades do corpo congeladas. Os republicanos tomaram a cidade no começo de janeiro de 1938, mas não conseguiram resistir à contraofensiva de Franco. Teruel foi o momento decisivo da guerra na medida em que confirmou de uma vez por todas que a superioridade material das forças de Franco não podia ser compensada pela bravura ou astúcia tática dos republicanos. O general Rojo possuía a genialidade estratégica que faltava a Franco, mas, ao contrário deste, nunca foi capaz de pôr em ação sua estratégia. Em última análise, a vulnerabilidade dos republicanos devia-se ao fato de todas as ofensivas de Rojo serem reativas e diversionistas. Em Teruel, após outra custosa defesa de um pequeno avanço, os republicanos tiveram de retirar-se.

No final de fevereiro, a cidade tinha sido retomada pelas forças de Franco, que ainda capturaram quase 15 mil prisioneiros e uma enorme quantidade de equipamento militar. Em 1938, o acúmulo de perdas republicanas de soldados treinados – depois da derrota na frente do Norte e agora também em Teruel – obrigou a convocar combatentes cada vez mais jovens e idosos. A carência de soldados da República era então muito maior do que a de Franco. Entretanto, os novos recrutas não eram substitutos à altura dos soldados experientes que haviam sido perdidos. Essa erosão constante também foi um dano imenso, mais um fator a inibir a atuação do exército republicano.

O desfecho da Batalha de Teruel exigiu uma adaptação no modo de pensar do primeiro-ministro Juan Negrín. Depois de assumir o governo em 1937, Negrín adotou uma dupla estratégia de resistência militar e de diplomacia internacional a fim de suspender o acordo de não intervenção ou, pelo menos, assegurar à Espanha seu reconhecimento internacional como Estado beligerante. As mudanças realizadas em maio no gabinete republicano foram cruciais para isso: a chegada ao poder de dirigentes políticos (com o apoio do presidente da República) que compreendiam que o resultado da guerra acabaria sendo decidido nas chancelarias da Europa. Para tanto, era imperativo que a República obtivesse o apoio dos europeus mediante uma ação diplomática mais proativa. Dessa perspectiva, Juan Negrín era o "líder necessário". Nascido em 1892, mesmo ano de Franco, em uma das famílias mais ricas de Las Palmas de Gran Canaria, Negrín foi educado no exterior. Formou-se em medicina na Alemanha, onde trabalhou em pesquisa médica. Com apenas trinta anos de idade, assumiu a cátedra de Fisiologia na Universidade de Madri. Optou pela República, em vez da monarquia, porque era um liberal constitucionalista, e, como outros de sua geração, aderiu ao Partido Socialista Espanhol por considerá-lo o melhor instrumento para modernizar a Espanha e abri-la à Europa. Negrín era um homem de grande inteligência – política e intelectual – e um observador de extrema argúcia da política europeia e mundial. Refinado, cosmopolita e poliglota, ele tinha excelentes contatos no estrangeiro e, à diferença do primeiro-ministro que o antecedeu, movia-se com desenvoltura no mundo da diplomacia internacional.

Inicialmente, Negrín concentrou seus esforços diplomáticos para garantir à Espanha os direitos de país em guerra frente à França, cujo sentimento de vulnerabilidade aumentara com a aproximação entre a Grã-Bretanha e a Itália. Os direitos de beligerância não resolveriam o problema de fundo, porque a Grã-Bretanha continuaria a fazer todo o possível para bloquear as vendas de armas para a República, mas seu reconhecimento poderia ao menos autorizar que as compras fossem feitas abertamente, além de permitir a defesa adequada dos armamentos em trânsito até a Espanha – porque o governo republicano teria condições de reunir um número suficiente de navios de guerra para escoltá-los através do mar Mediterrâneo. No mínimo, teria permitido à República sair em busca de transporte marítimo "neutro" (especialmente da Itália) e com isso impedir os fretamentos para Franco. Os acontecimentos de Teruel não mudaram expressamente a estratégia de Negrín, mas iniciaram um processo de reconfiguração interna. A perda do Norte industrial juntamente com o bloqueio por parte de Franco dos portos republicanos no Mediterrâneo e o constante atrito de seu exército obrigaram Negrín a procurar um meio de levar Franco à mesa de negociações. Entretanto, o primeiro-ministro também compreendeu que não havia a menor chance de lograr esse objetivo a menos que a República sustentasse uma resistência militar determinada e eficaz.

A situação militar da República estava se tornando crítica. Depois de reconquistar Teruel, as tropas de Franco estavam dispostas a arrasar toda a região de Aragão. Os republicanos pouco podiam fazer para deter as forças franquistas, embora a França, temerosa das consequências da ocupação da Áustria (*Anschluss*) por Hitler em 12 de março de 1938, tenha aberto suas fronteiras para a livre passagem de armas. Contudo, naquele momento era tarde demais. Franco tinha uma vantagem de vinte por cento em número de soldados e dispunha de uma acachapante superioridade na aviação, na artilharia e em outros equipamentos. Abandonando sua habitual precaução, em meados de março Franco decidiu lançar contra o exército republicano, que ainda não havia se recuperado da derrota em Teruel, a *Blitzkrieg* tão aconselhada por seus assessores alemães e italianos. Barcelona foi bombardeada por aviões italianos em uma tentativa de quebrar o moral da população civil. Sob a cortina de fogo proporcionada por cerca de mil aviões italianos e alemães, além de carros e tanques blindados (incluindo-se aí equipamentos russos que haviam sido capturados), mais de 100 mil soldados, encabeçados por forças de elite marroquinas e italianas, cruzaram o rio Ebro.

Nos primeiros dias de abril de 1938, a ala norte da vanguarda militar franquista em Aragão tomou a cidade de Lérida e logo depois a importante central elétrica de Tremo, deixando a cidade de Barcelona temporariamente sem luz, o que contribuiu para reduzir sua produção industrial a partir de então. Enquanto isso, as unidades centrais do exército franquista desceram pelo vale de Ebro até a costa de Castellón e de Valência. No dia 15 de abril, tomaram o pequeno povoado litorâneo de Vinaroz, chegaram ao Mediterrâneo e dividiram em duas partes a Espanha republicana: a Catalunha e o território Centro-Sul (Figura 17).

No dia seguinte, a Grã-Bretanha assinou o acordo anglo-italiano e seguiu pressionando a França para que fechasse a fronteira, embora a Itália continuasse a afundar os navios mercantes britânicos. A República dividida enfrentava uma crise gravíssima tanto na retaguarda como na frente de guerra.

Do ponto de vista militar, a guerra poderia ter terminado nesse momento. Imediatamente após a divisão da República em duas partes, suas defesas estiveram mais vulneráveis do que em qualquer outra fase da guerra civil, com o exército desbaratado e a frente cindida entre Vinaroz e Barcelona. Se Franco tivesse prosseguido diretamente até Barcelona, nada

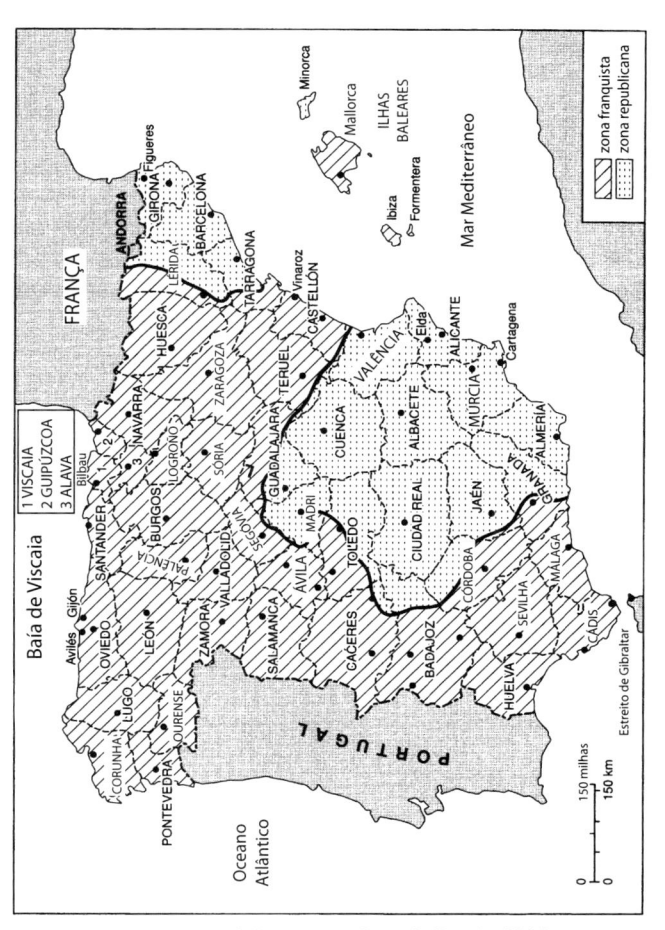

17. A divisão do território espanhol em julho de 1938.

poderia tê-lo feito parar. Com a Catalunha em seu poder e a fronteira com a França fechada, a guerra teria terminado mais depressa. Mas Franco, para espanto dos líderes políticos da República, de seu alto-comando militar e de não poucos de seus próprios oficiais superiores, desviou as tropas para o sul em vez de lançar um ataque importante à Valência. A decisão de Franco se explica em parte pelo temor de que um ataque frontal à Catalunha pudesse assustar a França e levá-la a intervir militarmente na região em defesa da República. De nossa perspectiva atual, parece improvável que isso ocorresse, mas, dada a reação da França ao *Anschluss*, Franco não estava disposto a se arriscar e provocar ainda mais o governo francês. O fator mais importante é que se ele tivesse lançado uma ofensiva contra a Catalunha naquele momento, teria deixado uma força republicana considerável na região do Centro-Sul. A decisão de Franco de não avançar na Catalunha na primavera de 1938 e avançar contra o exército do Centro-Sul tinha a intenção de alongar o conflito e maximizar a destruição e a desmoralização dos recursos humanos da República. Uma decisão consequente com seus objetivos fundamentais na guerra civil.

A sobrevivência da República além de abril de 1938 dependia da rápida reorganização de seus exércitos e da capacidade de entusiasmar a retaguarda civil. Dar continuidade à resistência militar parecia a Negrín um instrumento crucial para aumentar a pressão diplomática sobre a Grã-Bretanha e a França. Ambas as potências temiam que quanto mais se prolongasse o conflito na Espanha mais provável se tornaria uma generalização da guerra por toda a Europa, cuja consequência seria arrastar os dois países para o conflito. Esses temores, junto com a aversão do governo britânico por tudo que dissesse respeito à República, levou-os a uma oposição bem-sucedida à intenção de Negrín de revogar o pacto de não intervenção na Liga das Nações em maio do mesmo ano. Em público, Negrín continuou a falar de seu compromisso como a resistência total, mas, na esperança de virar a favor da República as inquietações dos britânicos e dos franceses, passou toda a segunda metade de 1938 em intensas rodadas de negociações diplomáticas para tentar convencer as grandes potências a apoiarem uma mediação internacional para dar fim ao conflito na Espanha. Contudo, as condições eram agora mais difíceis, porque a divisão do território republicano demonstrava sua fraqueza, não sua força, e Franco não estaria disposto a negociar sobre algo que acreditava poder tomar pela força.

Manter a resistência republicana dependia também do acesso ao suprimento externo de material bélico, por pouco que fosse. No entanto, a situação na divisa com a França era extremamente precária. Aberta após o *Anschluss*, ela tinha sido novamente fechada. O novo governo francês, de viés mais conservador, mostrava-se menos inclinado a tolerar uma fronteira permeável. A "não intervenção flexível" tinha acabado. O governo também congelou os fundos republicanos nos bancos franceses. Foi esse o preço exigido por Franco antes de aceitar exportar para a França a pirita, essencial para o programa de rearmamento francês, da qual o Norte da Espanha era a região mais rica da Europa.

Em meados de 1938, as reservas de ouro da República estavam perigosamente próximas de se esgotarem. Negrín sempre deixara claro que a guerra estaria acabada no dia em que a última peseta de ouro fosse gasta. Ele presumia, é claro, que a República não podia ter acesso às importantes fontes de crédito com que contava o Generalíssimo Franco. Mesmo assim, conseguiu a duras penas estender sua defesa militar além do verão de 1938 graças a um crédito de 60 milhões de dólares providenciado pela União Soviética. Na realidade, desde a eclosão da guerra sino-japonesa no início de julho, a Espanha perdera sua posição especial nas considerações da política exterior soviética e seus consultores técnicos junto à República foram chamados de volta durante o verão. Stalin também negociou sua retirada das Brigadas Internacionais que, em 1938, já eram compostas em sua maioria por espanhóis, e a presença de voluntários estrangeiros na Espanha republicana não tinha mais do que uma importância simbólica. Stalin já não acreditava que a República pudesse vencer a guerra em face do bloqueio franquista e da teimosia britânica, o que contribuiu para inviabilizar a preferência do líder soviético por um acordo com a Grã-Bretanha e a França contra o expansionismo da Alemanha nazista. Todavia, quanto mais a República resistisse, mais consumiria as energias alemãs e melhor seria para as defesas soviéticas. Assim, embora soubessem que qualquer parcela do crédito que a República viesse a usar seria praticamente irrecuperável, os soviéticos consideravam-no um dinheiro bem gasto.

Dado que o apoio soviético era essencial para a manutenção da resistência republicana, Negrín precisava manter em sigilo absoluto a busca de mediação internacional, o que explica em parte sua insistência em assumir pessoalmente as negociações diplomáticas. Negrín fez uma série de viagens ao exterior em 1938, sempre com outras finalidades aparentes, mas aproveitando-as para realizar encontros discretos e informais com representantes franquistas e também, às vezes, com alemães. Ele escondeu suas atividades diplomáticas até mesmo dos membros de seu gabinete, o que acabou gerando mal-entendidos e crescente descontentamento entre eles. No entanto, Negrín foi inflexível na manutenção do sigilo por entender que a divulgação dos seus objetivos diplomáticos estratégicos poderia minar a vontade de lutar do exército republicano e o ânimo da população civil para suportar a fome e as privações. Ele estava convencido da importância de uma resistência estratégica para impor condições da paz a Franco; entre elas, a mais importante lhe parecia ser uma garantia de não represálias contra os derrotados. Negrín também queria obter garantias sobre a manutenção da integridade constitucional e territorial da Espanha, que, na opinião dele, podiam estar ameaçadas pelas ambições políticas e econômicas da Itália e da Alemanha, países aos quais Franco deveria muito quando a guerra terminasse.

Negrín acreditava com todo fervor que a capacidade de resistência da República dependia sobretudo do estado psicológico dos soldados e da população civil. Tudo tinha de ser feito, portanto, para melhorar, ou ao menos sustentar, o ânimo da República. Para tanto, contribuiu uma forma inovadora de combate, posta em ação em maio de 1938 por um corpo de guerrilheiros do exército da República. Durante o ataque, várias centenas de soldados republicanos capturados durante a queda da frente norte, no outono de 1937, foram libertados do cárcere em que se encontravam no forte de Carchuna (Motril), no litoral sul, atrás das linhas republicanas. A ação não só levantou o moral do exército nos dias sombrios que se seguiram ao recuo generalizado na província de Aragão, como proporcionou uma benfazeja leva de soldados treinados após as baixas ocorridas durante o outono e o inverno anteriores. Da "fuga" da cadeia de Carchuna participaram dois brigadistas internacionais dos Estados Unidos, Irv Goff e Bill Aalto, que lutavam na guerrilha desde 1937.

A convicção absoluta de Negrín sobre o papel fundamental do moral elevado dos soldados e da população civil foi determinante em sua decisão do começo de abril de 1938 de afastar o ministro da Defesa, Indalecio Prieto, seu grande amigo e íntimo colaborador, o político mais importante da República antes da guerra civil. Inteligente e dinâmico, ele também era conhecido pela visão pessimista, que manifestava publicamente, sobre os destinos da guerra. Mas Prieto foi longe demais ao anunciar ao embaixador francês – no momento em que Negrín estava jogando todas as suas cartas para assegurar que a fronteira com a França permanecesse aberta após a perda de Teruel – que a República havia chegado ao fim. O que diferenciava Negrín de Prieto não era a compreensão intelectual da situação militar e diplomática, mas a resposta subjetiva de cada um aos fatos. Negrín tirava forças da adversidade, enquanto Prieto parecia render-se à desolação. Negrín concentrava todas as energias em um único ponto, focando apenas o problema que tinha de enfrentar no momento: como manter o exército em ação, equipado e alimentado. No entanto, ao "demitir" Prieto, Negrín trouxe à tona as crescentes divisões que medravam entre a classe política da República.

As divergências políticas dentro do campo republicano só cresceram durante todo o ano de 1938 na proporção direta das derrotas militares e diplomáticas sofridas. Era inevitável que os graves problemas externos – a escassez crônica imposta pela política de não intervenção e o bloqueio dos portos republicanos, e um horizonte diplomático internacional cada vez mais adverso – começassem a exacerbar as diferenças políticas internas, muitas das quais já existiam antes da guerra.

Uma das desavenças mais corrosivas era a inimizade entre o governo central republicano e o governo regional da Catalunha, a *Generalitat*. Uma importante consequência das Jornadas de Maio de Barcelona em 1937 tinha sido o aumento dos poderes do governo central na região. A *Generalitat* perdeu o controle da ordem pública na Catalunha, justamente a joia da coroa de seu estatuto de autonomia concedido em 1932 pela República. Em outubro de 1937, Negrín transferiu o governo central para Barcelona e assumiu o controle direto da indústria de guerra catalã – uma fonte decisiva de material bélico após a perda do Norte industrial (no qual as tensões entre centro e periferia também haviam contribuído para o colapso). Isso abateu muito o moral da população da Catalunha, a região de mais fortes sentimentos de independência política e tradições culturais da Espanha. Mas para o governo central, constituído por republicanos, socialistas e comunistas de mentalidade fortemente centralista, a lição das Jornadas de Maio foi que nunca mais se deveria permitir que coisa alguma ameaçasse a produção bélica ou a resistência militar.

As relações entre os dois governos se atolaram cada vez mais em contendas jurisdicionais que desperdiçavam muitos recursos. Os motivos dos atritos eram inúmeros, desde a competição, relativamente menos importante, mas encarniçada, sobre qual deles tinha o direito de ocupar os edifícios mais prestigiados da cidade para usar como seus escritórios administrativos, até as queixas a respeito da importação de gerentes de fábricas e policiais "estrangeiros" (oriundos de

Castela) para trabalhar na Catalunha. Houve também um sério confronto, durante o verão de 1938, provocado pela determinação de Negrín de militarizar a justiça. Essa decisão contribuiu para aumentar a centralização do poder nas mãos do governo central e acabou colaborando para a saída dos representantes catalães (e bascos) do gabinete de Negrín em agosto de 1938.

Não há dúvida de que, durante a guerra, Negrín demonstrou pouca inclinação pelo nacionalismo catalão, porque o considerava envolvido em rixas provincianas mesquinhas, enquanto Roma, ou melhor, a Espanha pegava fogo. Suas simpatias, seguindo a clássica tradição centralista do republicanismo progressista, provavelmente também o tornavam hostil à causa catalã. Alguns de seus pronunciamentos foram desnecessariamente incendiários. Entretanto, a principal acusação formulada pelos nacionalistas catalães de que o constitucionalismo liberal de Negrín era uma impostura não se sustenta a um exame criterioso.

Desde quando se iniciou na política, Negrín buscou formular medidas de fortalecimento da ordem constitucional na Espanha. (Por esse motivo, em 1932, foi dos poucos a defender a aplicação da pena de morte ao general Sanjurjo, chefe da primeira rebelião militar contra a democracia republicana.) Por serem inconstitucionais, Negrín detestava os comitês revolucionários populares que se proliferaram por toda a zona republicana em 1936, assim como seu credo coletivista lhe causava horror. Ele defendia uma economia baseada no mercado, e muitas das medidas que tomou durante a guerra (o primeiro cargo de Negrín na República foi de ministro da Fazenda, em setembro de 1936) destinavam-se a fortalecer esse modelo contra os coletivistas e anticapitalistas. Ao contrário de Franco, que punia os espanhóis por seus credos e, em consequência, por seus atos de omissão (isto é, por não apoiarem de maneira ativa a rebelião militar), Negrín, na função de primeiro-ministro, acionou medidas judiciais para devolver a propriedade expropriada a todos os cidadãos espanhóis, fossem quais fossem suas posições políticas, desde que não estivessem envolvidos ativamente no golpe militar. Cuidou ainda de impor medidas destinadas a profissionalizar (e, portanto, despolitizar) as políticas de contratação de pessoal, por exemplo, na administração penitenciária. Sua declaração sobre os objetivos da guerra, os treze pontos, publicada em maio de 1938 como base para a negociação da paz, era um modelo de constitucionalismo liberal.

Entre os treze pontos, destacava-se a afirmação da liberdade de consciência. E não se tratava tão somente de uma declaração de boas intenções para consumo externo. Para o primeiro-ministro, a normalização da posição da Igreja Católica era o teste decisivo da constitucionalidade republicana. Negrín era pessoalmente um racionalista secular, mas não anticlerical; aliás, seu irmão havia se ordenado padre. No verão de 1937, já era permitido o culto católico privado, mas o avanço para a reabertura das igrejas foi necessariamente mais lento. A Negrín certamente não faltava o desejo de fazê-lo, como atestaram os democratas cristãos da Catalunha, mas o respaldo da cúpula da Igreja espanhola a Franco havia criado um clima denso e carregado na zona republicana, que não podia ser desfeito da noite para o dia. O primeiro-ministro agiu com cautela e discrição; em meados de 1938, seus esforços começavam a surtir efeito e em outubro, como o apoio tácito do Vaticano, Negrín designou uma entidade específica para supervisionar a reintrodução do culto público. O plano era realizá-lo primeiramente na Catalunha, e as coisas já estavam a meio caminho quando sobreveio o fracasso do exército republicano na região, no começo de 1939.

O segundo grande motivo de tensão na vida política da República no período foi a discórdia entre socialistas e comunistas espanhóis, os dois movimentos de massa que sustentavam o esforço de guerra. Esse conflito tinha raízes em antigas rivalidades organizacionais e pessoais que se intensificaram com a guerra. Em 1938, a rivalidade começou a complicar-se com as disputas dentro da cúpula do Partido Socialista e com a hostilidade de dirigentes do partido a Negrín, principalmente depois que Prieto saiu do gabinete. Ao fim e ao cabo, o conflito tomou maiores proporções com a crescente desmoralização e desespero de muitos dirigentes socialistas em face do penoso isolamento da República. Embora não tivessem uma alternativa a propor, eles acusavam a estratégia de resistência de Negrín de irresponsável, em parte porque desconheciam as iniciativas diplomáticas intensas, mas certamente sigilosas, do primeiro-ministro. Além disso, estavam ressentidos com Negrín, que cada vez mais recorria a membros do Partido Comunista em detrimento dos socialistas.

O que atraía Negrín não era a ideologia comunista (na realidade, boa parte dos que se tornaram comunistas após a sublevação militar de 18 de julho de 1936 também não discutiam muito esse assunto, embora acreditassem firmemente em seu partido-movimento como uma comunidade de eleitos). Ele também não ignorava que o programa do partido diferia em importantes aspectos do seu, mas sabia muito bem que a sólida disciplina dos comunistas e, antes de tudo, seu inquestionável compromisso com a política de resistência era tudo o que precisava naquela hora. Assim, Negrín transformou a disciplina comunista em instrumento para si mesmo.

Sem dúvida, a disciplina partidária também era um reflexo da política do Comintern, embora os dirigentes comunistas espanhóis não fossem seus meros porta-vozes. Em uma guerra em que as situações mudavam tão rapidamente, eles tiveram de se tornar verdadeiros líderes capazes de se responsabilizarem pelo grande número de tarefas que a guerra exigia do partido. No entanto, os dirigentes comunistas espanhóis nem sempre concordavam com o Comintern. No verão de 1937, quando a Internacional Comunista propôs que o partido fizesse campanha para a convocação de novas eleições para o parlamento republicano, os dirigentes espanhóis concordaram com a opinião das demais forças políticas republicanas de que isso seria contraproducente. A proposta não foi adiante. Em 1938, os líderes do PCE também resistiram às sugestões do Comintern de que a representação comunista no gabinete de Negrín devia cessar, como forma de tentar romper o impasse diplomático internacional. No fim de tudo, o PCE teve de pagar um alto preço pela associação da imagem do partido com a resistência militar a todo custo. À medida que aumentava o cansaço e as pessoas começavam a perder esperanças ante o impasse diplomático, mesmo aqueles que haviam aderido às organizações comunistas em 1936 acabavam descarregando sua frustração e desespero no partido.

A fome também minou a esperança. Na primavera de 1938, já estava claro que a República não tinha condições de garantir o suprimento das necessidades básicas de sobrevivência da população civil, inchada pelas constantes ondas de refugiados que chegavam do território conquistado pelos rebeldes. Após a queda de Aragão, 25 mil pessoas a mais chegaram, o que significou que no final da guerra havia em torno de 600 mil refugiados na Espanha republicana, entre os quais 200 mil crianças. As grandes regiões produtoras de grãos se encontravam em território franquista; a República nunca fora capaz de importar alimento suficiente para suprir a escassez, porque carecia de recursos financeiros devido aos preços exorbitantes que tinha de pagar pelos armamentos em consequência do pacto de não intervenção. Contudo, agora a situação era pior; o bloqueio franquista da costa mediterrânea cortara o acesso direto a suprimentos para o Centro-Sul.

A Catalunha também necessitava urgentemente de alimentos. Mas a comunicação entre as duas zonas conflagradas era muito arriscada (mesmo o contato por rádio era inseguro e intermitente). Submarinos alemães e italianos torpedeavam o tráfego marítimo, o que deixava Barcelona fora do alcance de Valência a não ser por avião, mas este meio de transporte, além de ter capacidade limitada, também era alvo de ataques inimigos. Os alimentos para abastecer a Catalunha tinham de vir pela fronteira com a França. Entretanto, o aumento das tensões políticas na região da fronteira tornava-a uma passagem precária; de qualquer modo, a quantidade de ali-

**18. Menino trabalhando como vendedor ambulante na Espanha republicana.**

mentos que cruzava a fronteira não chegava nem perto de cobrir a necessidade. A Catalunha, lotada de refugiados, sofria grande escassez de víveres.

Em todo o território republicano, a fome e a deterioração geral das condições materiais de vida produziam uma aguda sensação de vulnerabilidade, isolamento e perigo. Com a sucessão de derrotas militares e a crise de abastecimento, a legitimidade política da República se desgastava. Escassez, inflação, deslocamento da população, ameaça de inanição e de epidemias de doenças, tudo isso impediu a República de projetar de modo crível – reformas assistenciais e outros benefícios sociais – a "parte do Estado" de um contrato social com aqueles que estavam lutando e morrendo por ela. A República já não podia encarnar a visão de um futuro positivo e progressista. Sob essas condições de intensa pressão, com o moral sitiado como todo o restante, era inevitável que a zona republicana se militarizasse cada vez mais, ainda que isso abalasse a própria razão de ser democrática. A guerra – e mais especificamente a tentativa desesperada de manter viva a resistência – estava consumindo tudo.

As autoridades republicanas, que em 1938 já estavam desesperadas por falta de tropas, não tinham escolha senão acelerar o recrutamento e recorrer a métodos mais agressivos e invasivos de fazê-lo. Essa foi uma das principais funções do serviço de informações militares (SIM). Seu pessoal tentava incentivar denúncias sobre os desertores do serviço militar, enquanto os familiares pegos ajudando-os e incentivando a fuga eram castigados com severidade de acordo com a legislação republicana. Isso gerou ressentimento e medo em comunidades às vezes muito pequenas, resultando em mais desgaste para a República. Era inevitável que as famílias ou pessoas punidas desenvolvessem sentimentos de hostilidade com a República sitiada. A tensão social também aumentou nas áreas rurais porque os soldados se apropriavam do que os camponeses colhiam. O exército republicano proibia as "requisições" não oficiais, mas estas continuavam ocorrendo especialmente em épocas de máxima tensão e deslocamentos da população. Por exemplo, na província de Aragão, com as grandes retiradas que se seguiram à divisão do território republicano em abril de 1938, foram cometidos inúmeros atos de violência contra civis – inclusive contra oficiais republicanos, como no caso do policial que foi assassinado quando tentava impedir que os soldados em retirada roubassem pão da padaria de uma aldeia.

A população civil, de ânimo cada vez mais baixo, também era um terreno fértil para a quinta coluna, cuja confiança e atividade tinham aumentado graças aos sucessivos avanços territoriais das forças de Franco e ao conhecimento sobre a situação de impasse em que o isolamento diplomático vinha mantendo a República. À parte as ações de alguns pró-franquistas isolados, que espalhavam boatos e informações erradas, todas as principais cidades republicanas possuíam, em fins de 1937, redes organizadas de espiões e sabotadores que representavam uma ameaça ainda maior. O serviço militar de informações da República conseguiu desmantelar algumas delas; porém, lidar com o "inimigo interno" implicava dispor de técnicas de vigilância e interrogatório que violavam o compromisso republicano com as garantias constitucionais e a igualdade dos cidadãos perante a lei.

Esse conflito entre os imperativos da guerra e a obrigação de preservar as liberdades civis pelas quais se lutava é algo que ainda hoje desafia sociedades democráticas muito mais antigas e mais bem situadas que a República espanhola daquela época. Esse dilema Franco jamais teve de enfrentar: tanto antes quanto depois da guerra, ele reduziu o processo judicial a um ramo do terror de Estado. A República, ao contrário, comportou-se como uma democracia em guerra. Os direitos constitucionais foram reduzidos quando Negrín introduziu tribunais especiais para julgar casos de espionagem e traição, mas a estrutura constitucional básica foi mantida – um feito nada desprezível se levarmos em conta que era uma democracia ainda muito jovem e que se encontrava sitiada. O poder judiciário investigava os abusos cometidos pela polícia e pelo aparelho penitenciário, entre os quais o tratamento cruel a detidos ou prisioneiros e os assassinatos extrajudiciais. O próprio fato de essas ações serem definidas como abusos já nos diz muito. Na zona franquista, que jamais esteve sob cerco militar, o tratamento desumano, a tortura e as execuções extrajudiciais de inimigos não eram vistos como abusos, e sim como profilaxia aplicada pelo poder.

Nem mesmo quando a República lutava por sua vida, na última e colossal Batalha de Ebro, entre julho e novembro de 1938, as imensas pressões da guerra anularam as garantias constitucionais. Em outubro de 1938, dirigentes do partido comunista dissidente, o POUM, foram processados e condenados por terem dado apoio público a uma rebelião ilegal (a de maio de 1937, em Barcelona) contra o Estado republicano em guerra. O objetivo de levá-los aos tribunais nessa etapa final da guerra certamente era o de torná-los um exemplo, a fim de impor disciplina à retaguarda que naquele momento ameaçava desintegrar-se. Entretanto, o julgamento do POUM não foi de fachada. Apesar dos esforços da direção do PCE para influir nos procedimentos e, desse modo, livrar-se dos rivais, inclusive com uma campanha ameaçadora pela imprensa, o julgamento observou o devido processo constitucional. A cultura política da República permaneceu democrática a despeito de todas as dificuldades.

A Batalha de Ebro, sem a qual não se pode compreender o julgamento do POUM, foi o último lance de dados da República. Foram três seus objetivos: proteger Valência de uma possível conquista pelos franquistas (a primeira tentativa fora feita pelas forças italianas); restabelecer o contato com a Catalunha, voltando a unificar as zonas republicanas; e demonstrar aos foros internacionais a resistência do exército republicano e sua capacidade de planejar e realizar uma ação ofensiva. O Foreign Office britânico opinou em fins de 1938 que "a campanha de Ebro foi, sem sombra de dúvida, uma grande vitória do governo [republicano]", e assinalou ainda que Franco dependia mais do que nunca da Itália e da Alemanha, comentário verdadeiro principalmente no caso da aviação. A Batalha de Ebro foi palco de combates aéreos maciços e sem precedentes na história da guerra, e que somente voltariam a ser vistos na Batalha da Inglaterra, nas primeiras etapas da Segunda Guerra Mundial.

Franco pagou a Alemanha nazista com direitos mineratórios para garantir superioridade no ar em Ebro. Em 1938, Franco, desesperado para reforçar sua força aérea a fim de ganhar a guerra, e apesar de ter assegurado, em 1936, aos diplomatas britânicos que não o faria, dispôs-se a ceder o que anteriormente negara. O produto dessas valiosas concessões mineratórias teve um papel vital no programa de rearmamento alemão. No entanto, a vantagem militar que Franco obteve rendeu imensos dividendos em curto prazo. As estruturas de comunicação republicanas foram bombardeadas exaustivamente, e, como as memórias de muitos brigadistas internacionais registraram, suas tropas foram arrastadas ladeira abaixo, pelas colinas rochosas e ermas, devido à força do material incendiado.

Do ponto de vista militar, todas as potências intervenientes estavam interessadas em aproveitar a oportunidade oferecida pela Guerra Civil Espanhola para treinar seu pessoal e testar equipamentos e estratégias em situações de combate real e extenso, ainda que estes fossem benefícios colaterais e não os motivos que as levaram inicialmente a intervir no conflito. Alemanha e Rússia saudaram a oportunidade para experimentar novas tecnologias, sobretudo contra o outro, o inevitável adversário "territorial". Em consequência, foi na Espanha que apareceram os elementos do que mais tarde se transformaria na estratégia alemã da *Blitzkrieg* (guerra--relâmpago, ataques rápidos, de surpresa e coordenados). A União Soviética, por sua vez, aproveitou para testar seus tanques e carros blindados. Mas foi a guerra aérea, da qual participaram quase 3 mil aviões, que verdadeiramente distinguiu a Espanha em termos de inovação técnica e tecnológica (como os bombardeios de precisão de alvos específicos ou novas técnicas para enfrentar a artilharia antiaérea).

No fim, em novembro de 1938, as forças republicanas tiveram de recuar pelo rio Ebro, que haviam cruzado em julho, valendo-se de proezas de engenharia inventiva, de improvisação e da tenacidade. Os já habituais problemas de falta de material e de reservas ocorreram, mas em Ebro houve uma enorme diferença. Desta vez a retirada não foi consequência de uma derrota militar (a República tinha conseguido bloquear o ataque de Franco à Valência), e sim de uma derrota política absolutamente devastadora que se passou a muitos quilômetros da Espanha.

No fim de setembro de 1938, em Munique, Grã-Bretanha e França assinaram um acordo com as ditaduras da Alemanha e da Itália que, na prática, deu sinal verde a Hitler para invadir e desmembrar a Tchecoslováquia, a única democracia que continuava a existir na Europa central e oriental. Ao assinar o acordo que acabava com a independência tcheca, as democracias ocidentais também mataram a República espanhola. O ato de Munique demonstrou o compromisso aparentemente inquebrantável daquelas nações com o apaziguamento das potências fascistas; o impasse diplomático que dali resultou acabou minando definitivamente a estratégia de resistência de Negrín, bem como sua credibilidade política aos olhos de muitos de seus compatriotas desesperados e cansados da guerra. É possível dizer com certeza quase absoluta que Munique foi o acontecimento-chave que determinou a reconfiguração da política externa soviética, e que acabaria por levar o país ao pacto de "não agressão" nazi-soviético de agosto de 1939.

A desmoralização induzida pelo horizonte internacional, agora completamente obscuro, explica em parte a rapidez com que a Catalunha caiu em fevereiro de 1939. O que os bombardeios aéreos de Franco não haviam conseguido, os efeitos cumulativos do embargo não intervencionista e do isolamento quase total da República materializaram. Como recordou uma testemunha, as pessoas começaram a desejar o fim da guerra: "Que isso termine como tiver de ser, não importa como acabe, mas que acabe logo". À medida que as tropas de Franco avançavam pela Catalunha, centenas de milhares de refugiados cruzavam a fronteira para acabar nos campos de internamento franceses.

Após a queda da Catalunha, o plano de Negrín era defender pelo menos alguma parte do Centro-Sul em uma ação dilatória de prazo indefinido até que a situação internacional explodisse – uma estratégia que no mínimo teria possibilitado um processo de retirada controlada e a evacuação dos que se encontrassem em pior situação de risco. Negrín compreendeu o que poucos dirigentes republicanos perceberam: que somente a continuação da resistência residual poderia ofertar-lhes uma base de negociação com Franco e seus apoiadores. Uma vez que os republicanos depusessem suas armas, Franco não negociaria mais nada.

Isso porque o Generalíssimo, em consonância com seus objetivos políticos de guerra, só estava interessado em um caminho para a "paz": o da rendição incondicional dos republicanos. Em fevereiro de 1939, Franco publicou a dilacerante (e retroativa) Lei de Responsabilidades Políticas, que dava carta branca ao regime franquista para levar a cabo uma repressão geral e cuja publicação nesse momento representava por si só um ato de guerra. O pior de tudo era que a lei constituía uma sonora negativa à última condição inegociável de Negrín para um acordo de cessar fogo: a garantia de não haver represálias à população republicana derrotada. Depois do ato de Munique, era a única condição que Negrín considerava não negociável para pôr fim à guerra.

Contudo, as implicações de Munique incentivaram outros líderes republicanos e socialistas. Em completo desespero, eles ainda acreditavam, contra todas as evidências, na quimera de uma paz negociada com Franco. Em março de 1939, as atividades desses líderes e o cansaço da população da zona republicana com a guerra combinaram-se para desencadear uma complicada rebelião política e social em Madri contra o governo de Negrín e o PCE, justamente as forças que simbolizavam a continuação da resistência. Foi então que a heterogeneidade da mobilização comunista na Espanha em guerra converteu-se no calcanhar de Aquiles do partido, na medida em que muitos oficiais de carreira da zona central da República, filiados ao PCE, recusaram-se a obedecer às ordens de continuar resistindo. Assim, foi a implosão política da República, e não uma derrota militar categórica, que deu a Franco a vitória na guerra.

O desmoronamento político da República mostra mais uma vez como são fantasiosas as alegações de "sovietização" republicana. Essas alegações provêm de uma interpretação profundamente anacrônica da história – de que a União Soviética que interveio na Espanha em 1936 já era a superpotência econômica e política do período posterior à Segunda Guerra Mundial. Mesmo depois de 1945, a satelização exigia algumas condições prévias: proximidade geográfica e, obviamente, um exército vermelho, e, de preferência, uma cultura política parcialmente compartilhada. A Espanha não preenchia essas precondições. Não obstante o crescimento do movimento comunista espanhol durante a guerra, prevalecia entre a classe política republicana e a cúpula soviética um verdadeiro abismo que nenhum intercâmbio político ou diplomático calculado podia superar. Além disso, o próprio movimento comunista era singularmente heterogêneo. E o mais revelador de tudo, como acabamos de ver, é que na Espanha nada equivalia ao "exército vermelho".

A extensa e populosa região Centro-Sul republicana, que incluía a capital Madri, jamais foi tomada militarmente por Franco. Ela foi rendida pelos comandantes dos exércitos que a defendiam no momento em que se configurou o impasse político e diplomático do final de março de 1939. O importante papel desempenhado na rendição pelas forças de uma quinta coluna bem organizada, que demonstrou contar com excelente comunicação com as forças sitiadoras, levanta perguntas até hoje sem resposta sobre sua ação na revolta contra Negrín que derrubou a resistência republicana. No meio do pânico e da confusão, a frota republicana partiu de Cartagena e foi dar em Bizerta, no Norte da África, onde ficou retida pelas autoridades francesas à espera de ser entregue a Franco. Os milhares de refugiados republicanos que enchiam Valência, Alicante, Gandia e outros portos do litoral levantino tinham perdido seu único meio viável de escapar do Centro-Sul, que fazia limite com território hostil e o mar. Uma minoria fugiu em outros navios – os que tinham dinheiro para pagar a passagem. Na maioria que ficou para trás, alguns se suicidaram. O restante foi tocado feito gado para os campos de internamento estabelecidos pelos conquistadores franquistas. Com a derrota da Espanha republicana, o poder de fogo nazista foi liberado para outras aventuras coloniais na Europa.

No começo de janeiro de 1937, quando Goering se reuniu com Mussolini em Roma, o líder alemão comentou que eles tinham quando muito três semanas. Se a Itália e a Alemanha não garantissem a vitória de Franco nesse espaço de tempo, estaria tudo perdido porque depois os ingleses iriam acordar e detê-los. Negrín nunca deixou de crer que mais cedo ou mais tarde a Grã-Bretanha e a França teriam de acordar e parar de acalmar a Alemanha e a Itália se quisessem manter a vantagem de seu império colonial – nem que fosse por puro instinto de sobrevivência. Quando isso acontecesse, mesmo em um cenário menos favorável, os partidários de Franco não conseguiriam sustentar seu apoio e o general não teria outra opção a não ser negociar com a República. Por isso Negrín continuou a resistir. Se a Grã-Bretanha e a França lhe tivessem dado ouvidos, o curso inteiro da história europeia teria sido diferente – *Anschluss*, Munique, até a Segunda Guerra Mundial. No entanto, os historiadores não podem lidar com especulações, por mais convincentes que sejam. O que se pode demonstrar é que Franco prestou a Hitler o colossal serviço de alterar a balança de poder na Europa em favor do eixo germano-italiano, ao passo que a resistência republicana, mantida por quase três anos a despeito da política britânica, adiou outras formas de agressão nazista na Europa e, ao fazê-lo, doou à mesma Grã-Bretanha o precioso presente de um tempo para rearmar-se.

## Capítulo 6
# Vitória e derrota:
## as guerras depois da guerra

A vitória de Franco na guerra civil deu início a uma tentativa de modernização da economia espanhola sem os correlatos da "modernidade": a democracia política de massas e o pluralismo cultural que a República simbolizava. Mais de 400 mil espanhóis buscaram refúgio no exílio. Alguns alcançaram a relativa segurança do México e das Américas. Mas milhares de outros foram sugados pela voragem europeia de guerra e aniquilação.

### As outras frentes da Espanha republicana

> [...] um soldado solitário, carregando a bandeira de um país que não é o seu, de um país que é todos os países e que só existe porque aquele soldado levanta sua bandeira abolida [...] esfarrapado, empoeirado e anônimo, uma figura minúscula naquele mar flamejante de areia infinita, caminhando em frente [...] sem saber aonde vai, nem com quem vai, ou por que vai, sem se importar contanto que seja em frente, em frente, sempre em frente.
> (Javier Cercas, *Soldados de Salamina*)

Os soldados e civis republicanos que cruzaram a fronteira com a França em fevereiro de 1939 foram imediatamente detidos pelas autoridades adversárias em campos de internamento, onde a falta de abrigo e de condições sanitárias devastou a saúde dos internos, já debilitados pelas privações da guerra. Confinados junto com os republicanos espanhóis estavam os brigadistas internacionais que não podiam voltar aos seus países de origem. Os que puderam, fugiram. Na condição de refugiados políticos, as opções para republicanos e brigadistas eram reduzidas e brutais. A Frente Popular estava morta na França e também na Espanha, e o governo Daladier os encarava com suspeita e aversão. Grandes esforços foram feitos para obter a repatriação voluntária dos refugiados espanhóis, opção a que já haviam recorrido cerca de 70 mil pessoas em março de 1939. Alguns meses depois, com as mulheres e crianças transferidas para outros lugares, à população masculina ativa restante nos campos franceses foi oferecida a escolha entre continuar internados, seguir para a Legião Estrangeira, integrar-se aos *Bataillons de Marche* (espécie de serviço militar quarentenado) ou às brigadas de trabalho semimilitares. Dos 60 mil que deixaram os campos (mais de 100 mil permaneceram), a maioria escolheu as brigadas, e destes a maior parte foi enviada para o Nordeste da França com a finalidade de reforçar a Linha

19. Desfile da vitória de Franco em Madri.

Maginot. Ali, os republicanos das brigadas de trabalho combateram a invasão alemã em maio-junho de 1940; foi nas linhas de retirada que eles realizaram suas primeiras ações de resistência na forma de sabotagens contra as forças de ocupação.

Alguns republicanos integraram-se diretamente à resistência clandestina. Outros se uniram a eles mais tarde, depois de fugirem dos campos onde tinham sido reinternados. Entretanto, essa fuga era mais difícil no inverno de 1940, quando havia muitos republicanos veteranos (e brigadistas internacionais) submetidos ao duro regime dos campos de detenção de Gurs e Vernet d'Ariège, de onde alguns seriam enviados aos campos de concentração do Norte da África. Outros eram novos nos campos de prisioneiros de guerra (*stalags*), onde os nazistas confinaram inicialmente os republicanos espanhóis aprisionados combatendo no exército francês. Os espanhóis enviados para os destacamentos de trabalho estrangeiros de Vichy e outras formas de obras públicas rurais e estatais logo se envolveram em sabotagens. Para a maioria dos refugiados republicanos na França, o caminho da resistência começou com os imperativos diários da sobrevivência. Muitos pertenciam à classe dos "civis irregulares", como os denominou um historiador da Resistência. No desespero para evitar o internamento ou a repatriação, os republicanos sobreviviam nas margens da sociedade e da economia, fazendo todo o possível para não chamar a atenção das autoridades de Vichy e das forças de ocupação. Para ajudar uns aos outros, criaram redes de solidariedade que com o tempo se transformaram em redes de resistência. A precariedade de suas vidas os fez aprender por experiência própria que muitas vezes não há uma fronteira nítida entre sobreviver e resistir. Contudo, entre os que participavam ativamente da resistência também havia a consciência clara de que defender a tradição republicana francesa era dar continuidade à luta coletiva que tiveram de abandonar na Espanha em fevereiro de 1939.

Os *maquis*, em sua primeira fase, no Sudeste da França durante o ano de 1941, surgiram como herdeiros do conhecimento prático, da perícia e da experiência dos republicanos

20. Campo de refugiados republicanos no Sudoeste da França, em março de 1939. Havia inúmeros campos semelhantes. (A foto parece ser do campo de Argelès-sur-Mer ou do de Le Barcarès.)

espanhóis. Eles eram os únicos que conheciam as técnicas de sabotagem – como fabricar bombas com restos de materiais, como preparar emboscadas ou descarrilar um trem sem usar explosivos. As mulheres também participavam, não raro ocupando-se do trabalho fundamental e perigoso de ligação. Os republicanos se integraram às redes clandestinas que apoiavam a contraespionagem aliada e organizaram rotas de fuga entre a Espanha e a França. Essas rotas operavam nas duas direções, evacuando militares aliados e civis em perigo, bem como trazendo agentes aliados e refugiados republicanos que corriam o risco de ser presos ou algo pior pelo regime franquista. Uma das mulheres que participaram do trabalho de ligação foi Neus Català, filha de camponeses de Tarragona e membro do Partido Socialista Unificado da Catalunha (PSUC). Em fevereiro de 1944, ela seria deportada para Ravensbrück no maior comboio de mulheres enviado da França, no qual havia cerca de 27 espanholas republicanas. Català sobreviveu e depois da guerra reuniu uma variedade de testemunhos e recordações de outras mulheres deportadas ou participantes da resistência. Passariam outros quarenta anos – até o fim do franquismo – para que seu livro pudesse ser publicado na Espanha.

Desde fins de 1942, as consequências da ocupação nazista e, em especial, do trabalho forçado começaram a estimular a resistência em grande escala na Europa. Os *maquis* republicanos espanhóis fizeram parte dos movimentos multiformes de resistência que se espalharam por toda a França, no campo e nas cidades, onde travaram a mesma guerra não convencional de sabotagem, propaganda e sobrevivência que seus companheiros, que tinham ficado na Espanha envolvidos na guerrilha contra as forças de segurança de Franco. Tivessem eles permanecido por opção ou por necessidade, os *maquis* republicanos da Espanha viam em sua luta outra frente da resistência que, em 1943, estava se levantando em toda a Europa contra as formas brutais de segregação racial, étnica e social defendidas pelos nazistas e seus colaboradores.

Em nenhum outro lugar era mais patente o caráter assassino da nova ordem de Franco do que na frente leste, onde os republicanos espanhóis também lutavam contra os exércitos alemães. Por ironia, em 1937 alguns deles tinham sido retirados, ainda crianças, do Norte da Espanha devastado pela guerra e levados para a União Soviética (entre outros destinos), no intuito de protegê-los dos intensos bombardeios aéreos que os aliados nazistas e fascistas de Franco lançavam sobre as cidades republicanas. Havia na União Soviética cerca de 3 mil crianças refugiadas provenientes da Espanha republicana. Aproximadamente 2 mil adultos chegaram mais tarde, sobretudo na diáspora de 1939, em maioria militares e quadros políticos ligados ao movimento comunista espanhol. Todos eles, sem exceção, foram assimilados pela dura e abrangente mobilização industrial de guerra da União Soviética após a invasão alemã de junho de 1941. Os republicanos que tinham prestado serviço como combatentes fizeram-no nas unidades de guerrilha, alguns eram pilotos e outros homens e mulheres serviram como soldados enfermeiras na defesa de Leningrado e Moscou. Também combateram e morreram em Stalingrado. Dos cerca de setecentos republicanos que lutaram na Frente Leste, cerca de trezentos foram mortos, entre eles os filhos únicos de duas das mais eminentes políticas da Espanha republicana: Dolores Ibárruri (La Pasionaria), dirigente comunista, cujo filho de 22 anos, Rubén, morreu em Stalingrado em setembro de 1942; e Margarita Nelken, crítica de arte, escritora, deputada e defensora dos camponeses sem terra, cujo filho, Santiago, morreu em combate na Ucrânia em janeiro de 1944, também aos 22 anos.

A continuidade da luta pela democracia na Espanha era evidente, inclusive na frente africana. Quando a França caiu em junho de 1940, mais de 2 mil veteranos espanhóis se encontravam dispersos junto com as forças francesas em territórios coloniais e dependentes, da Síria ao Magreb. Cerca de trezentos desses republicanos já eram veteranos da ação anglo-francesa de abril em Narvik (Noruega), onde a XIII

Semibrigada da Legião Estrangeira francesa, constituída somente de espanhóis, atuou como tropa de choque e sofreu enorme quantidade de baixas. Quando a maior parte das autoridades francesas do Magreb reconheceu o governo de Vichy, a maioria dos veteranos republicanos que puderam uniram-se às forças francesas de De Gaulle. Fazer isso significou para alguns cruzar o deserto do Saara, desde o Marrocos e a Argélia até o Chad, na África Equatorial francesa, a fim de se alistarem na II Divisão Blindada do general Leclerc. Essa unidade do exército lutou na Líbia e depois se juntou ao VIII Exército Britânico em outros lugares da África. Depois de participar do desembarque na Normandia, a divisão de Leclerc foi o primeiro contingente aliado a entrar em Paris, em agosto de 1944.

Os republicanos que lutaram com as forças de Leclerc batizaram seus tanques de *Guadalajara*, *Brunete*, *Belchite*, *Ebro* e *Madrid*, em homenagem às batalhas da guerra civil e aos lugares para os quais esperavam regressar do exílio. Eles se consideravam afortunados por poder lutar quando muitos de seus camaradas se consumiam, ou tinham morrido, nos campos de concentração de Vichy, no Norte da África. Outros ainda suportavam condições terríveis nas brigadas de trabalhos forçados, inclusive os que foram usados na construção da ferrovia transsaariana, onde se reuniram a refugiados europeus do fascismo que se haviam alistado na Legião Estrangeira, igual aos republicanos espanhóis, como um meio explícito de combater a nova ordem nazista.

> [...] junto com outros homens da Legião Estrangeira [...] Miralles [...] veterano de todas as guerras, tomou parte no ataque ao oásis italiano de Murzak, no Sudeste da Líbia [em janeiro de 1941].
> – Veja só, Javier – disse Bolaño [...] como se estivesse descobrindo sozinho a história ou o significado da história enquanto falava. – Toda a Europa controlada pelos nazistas, e lá no fim mundo, sem que ninguém soubesse, estavam os quatro mouros desgraçados, um puto de um negro e o veado do espanhol [...] levantando pela primeira vez em meses a bandeira da liberdade.

A composição étnica heterogênea das forças francesas livres, acentuada no romance de Javier Cercas, *Soldados de Salamina*, do qual citamos um trecho, é um elemento essencial para compreender o significado da guerra. Miralles, o "veterano de todas as guerras", personagem fictício de Cercas, participante da odisseia dos republicanos espanhóis através do deserto, desde o Magreb até a Líbia passando pelo Chad, é um dos soldados mestiços de Hitler e Franco que com seu anti-heroísmo salvam a Europa da idealização fascista da pureza racial e das virtudes da guerra. No romance, eles se "voluntariam" para Murzak tirando a sorte e perdendo. Sua "virtude" nasce do pragmatismo e da contingência, e só aparece para opor-se à pureza fatal e à categorização cruel contra as quais lutavam. Foram eles, e não seus inimigos que citavam Spengler, os soldados que salvaram a civilização na undécima hora.

Na França metropolitana, a energia dos espanhóis "vermelhos", como eram chamados pelos nazistas e fascistas, foi um fator de mobilização da resistência no Sul e no Norte. O XIV Corpo do Exército Republicano teve grande influência na França meridional. Durante a guerra civil, havia atuado como unidade de assalto e praticara ações inovadoras de guerrilha em uma escala que somente agora as pesquisas em arquivos começam a revelar. No outono de 1943, o XIV Corpo já fora mais ou menos assimilado ao Franc-tireurs et Partisans (FTP), importante eixo da Resistência francesa. Atuando em estreita aliança com o FTP, havia a MOI (Main d'oeuvre immigrée, frente de trabalhadores imigrantes), organização de base urbana cujo cosmopolitismo cultural, heterogeneidade racial e radicalismo político representavam uma antítese viva da nova ordem de Hitler.

A MOI teve origens nos veteranos das Brigadas Internacionais – basicamente os fugitivos do campo de detenção de Gurs – e na tradição do internacionalismo de esquerda que havia estimulado o envolvimento com a Guerra Civil Espanhola. Além de franceses e republicanos espanhóis, a MOI incluía italianos, romenos, armênios, poloneses, austríacos, tchecos e húngaros. Como nas Brigadas Internacionais, havia uma grande maioria de judeus na MOI, talvez mais da metade dos seus integrantes. Essa composição submetia a organização de imigrantes a uma pressão psicológica maior do que outros movimentos de resistência. Seus riscos eram não só piores em um ambiente urbano, como a maioria dos seus membros estava nas listas de procurados por três motivos: por serem de esquerda, estrangeiros e judeus. A execução de 22 integrantes da MOI – muitos dos quais haviam lutado na Espanha – em fevereiro de 1944, depois que a organização causara importantes baixas entre as forças de ocupação em Paris, deu origem ao famoso "cartaz vermelho", que os nazistas pregaram às centenas nos muros da cidade (Figura 21). (O vigésimo terceiro integrante da MOI condenado à morte foi uma mulher romena, Olga Bancic, executada na Alemanha alguns meses depois.)

A tentativa do "cartaz vermelho" de deslegitimar a resistência apelando ao chauvinismo francês também pode ser interpretada como um registro de algo muito diferente: que a guerra contra a nova ordem era uma guerra civil em cada país e entre países europeus; uma guerra cuja significação estava literalmente encarnada no caráter cosmopolita e multiétnico dos resistentes. A partir de 1943, o FTP em Paris também foi dirigido por outros dois veteranos da Guerra Civil Espanhola, um deles o brigadista francês Henri Rol-Tanguy, cujo nome de guerra na Resistência, Rol, vinha do segundo sobrenome que ele tinha adotado em 1938, em memória de um camarada morto na Batalha de Ebro.

Além disso, foi a uma unidade republicana espanhola que o general Leclerc concedeu a honra de ocupar a posição de vanguarda na libertação de Paris, tanto em reconhecimento à contribuição espanhola para a resistência – mais de 10 mil combatentes urbanos e rurais em 1944 –, quanto porque "Paris" era a antessala da libertação de Madri, onde, assim esperavam ardentemente os exilados, as tropas aliadas completariam o trabalho iniciado pela guerrilha. No entanto, em menos de um ano, os republicanos perderiam definiti-

21. O famoso "cartaz vermelho" feito pelos nazistas mostra o rosto de 22 combatentes da resistência do FTP-MOI capturados e executados em Paris em fevereiro de 1944. Muitos dos quadros fundadores do MOI eram brigadistas internacionais e fugitivos da penitenciária de Gurs. Três dos dez retratados no cartaz tinham lutado pela República na Espanha: Celestino Alonso, Shloime Grzywacz e Francisc Wolf, cujo nome de guerra era Joseph Boczor.

vamente a batalha por Madri. A libertação da Europa pelos aliados estancou nos Pirineus. No outono de 1944, deixaram que os combatentes republicanos atravessassem sozinhos a fronteira, onde foram inevitavelmente derrotados pelas forças franquistas e empurrados de volta à França e para o que, desta vez, seria o exílio definitivo. Hitler foi derrotado em 1945. Mas Franco estava prestes a ganhar a Segunda Guerra Mundial. Sua ditadura não seria incomodada pelas potências ocidentais, que estavam cada vez mais preocupadas com a Guerra Fria e dispostas a fazer vista grossa à repressão e aos assassinatos em massa dentro da Espanha em troca das repetidas afirmações de Franco de estar fazendo uma cruzada contra o comunismo.

A estratégia de fechar os olhos se manteve, não obstante o valioso apoio da Espanha ao Eixo durante quase toda a Segunda Guerra, mesmo sem ter o status formal de nação beligerante. Aliás, seu valor para Hitler estava justamente em não ter esse status. Franco, que não rompeu relações diplomáticas com o Terceiro Reich até à véspera da vitória aliada, em 8 de março de 1945, forneceu a Hitler matérias-primas estratégicas, alimentos e mão de obra; permitiu o reabastecimento e suprimento dos submarinos alemães; proporcionou à Alemanha radar, reconhecimento aéreo e instalações de espionagem dentro da Espanha e, além disso, ofereceu acesso aos serviços espanhóis de propaganda na América Latina. Essa ajuda era consequência de uma profunda afinidade ideológica entre a Espanha franquista e a Alemanha nazista, e manifestava-se claramente na grande influência da Gestapo sobre o aparato policial da Espanha, bem como na maneira como se permitia à imprensa falangista publicar material de propaganda nazista como se fosse material jornalístico. A consequência mais conhecida dessa afinidade, porém, foi o despacho, em 1941, da Divisão Azul Falangista, cujo resultado foi levar cerca de 47 mil soldados espanhóis para lutar com os exércitos do Terceiro Reich na frente leste. Uma consequência menos conhecida foi a aquiescência de Franco à proposta dos nazistas de retirar dos milhares de republicanos espanhóis que estavam sob seu poder a condição de prisioneiros de guerra, o que permitiria que fossem retirados dos *stalags* e enviados aos campos de concentração.

Foi a recusa do regime de Franco em reconhecer a nacionalidade dos prisioneiros espanhóis que abriu caminho à deportação. De fato, as autoridades nazistas anunciaram tal medida durante a visita à Alemanha do segundo homem do governo de Franco, Ramón Serrano Suñer, ministro do Interior (e também ministro das Relações Exteriores, depois de outubro) e chefe do partido fascista, a Falange. Em consequência, os republicanos espanhóis foram confinados em diversos campos de concentração: Dachau, Oranienburg, Buchenwald, Flossenburg, Ravensbrück, Auschwitz, Bergen-Belsen, Neuengamme e, sobretudo, Mauthausen. A maioria dos republicanos carregava no seu uniforme do campo o triângulo azul dos apátridas. No entanto, alguns traziam o triângulo vermelho que indicava os deportados políticos, a quem os burocratas nazistas chamavam de Nacht und Nebel: prisioneiros cujo antifascismo aberto condenava à total obliteração, como se sumissem em meio à "noite e nevoeiro" da alusão wagneriana que deu nome à política.

Aproximadamente 10 mil espanhóis morreram nos campos nazistas, número equivalente, se não maior, ao dos mortos em combate na Segunda Guerra Mundial (é muito difícil calcular este último número; as estimativas variam de 6 mil a 10 mil, incluindo soldados regulares e combatentes não regulares). Alguns, como Diego Morales, outro veterano de todas as guerras, sobreviveram inclusive à "guerra" que era Buchenwald e acabaram morrendo "estupidamente" de disenteria quando o campo foi liberado. Sabe-se da existência de Diego Morales porque ele é lembrado em um candente livro de memórias, *A escrita ou a vida*, escrito por seu camarada de resistência e companheiro deportado, Jorge Semprún. Filho de um diplomata republicano, Semprún sobreviveu à deportação e tornou-se líder da resistência clandestina a Franco nas décadas de 1950 e 1960. Muitos anos depois, foi ministro da Cultura no governo de Felipe Gonzáles. Em toda a sua obra, e especialmente em *A escrita ou a vida*, Semprún nos oferece uma das mais brilhantes narrativas sobre o significado dos campos de concentração na cultura e na memória europeia. Semprún escolheu escrever em francês porque para ele o castelhano havia se convertido em uma língua ocupada pelo inimigo político e cultural.

De todos os campos, o de Mauthausen foi o "coração das trevas" particular dos republicanos: 7,2 mil pessoas foram ali confinadas, das quais morreram 5 mil – metade de todos os espanhóis que pereceram nos campos de concentração nazistas. Mauthausen também é um campo do qual sobreviveu uma excepcional quantidade de registros visuais, fotografias tiradas principalmente por suas autoridades. Quando a guerra virou inexoravelmente contra a Alemanha, deram ordens para destruir todas as fotografias, mas um grande número delas foi surrupiado por um grupo de prisioneiros, entre os quais dois catalães, Antonio García e Francisco Boix. O jovem Boix, que, em 1936, em Barcelona, aos dezesseis anos de idade, havia registrado em fotografias a atividade e a mobilização esperançosa da juventude socialista e comunista a que pertencia, no começo de 1945 conseguiu tirar às escondidas, por intermédio da rede de solidariedade do campo, uma grande quantidade de fotos de um grupo de jovens presos espanhóis contratados para trabalhar em uma pedreira particular no povoado de Mauthausen.

Na cidade, as fotos foram escondidas na casa de uma mulher chamada Anna Pointner, que tinha ligações com o movimento socialista austríaco e cujo quintal dos fundos dava para a pedreira. Quando o campo foi liberado, em maio de 1945, Boix recuperou as fotos antes de ir para Paris. Esse acervo fotográfico era um registro único, em quantidade e qualidade, de modo que as fotos foram usadas mais tarde como provas no Tribunal de Nuremberg, onde Boix foi testemunha. Das fotos originalmente surrupiadas e guardadas pelos prisioneiros, cerca de mil se conservam até hoje. Depois da guerra, Boix trabalhou como repórter fotográfico

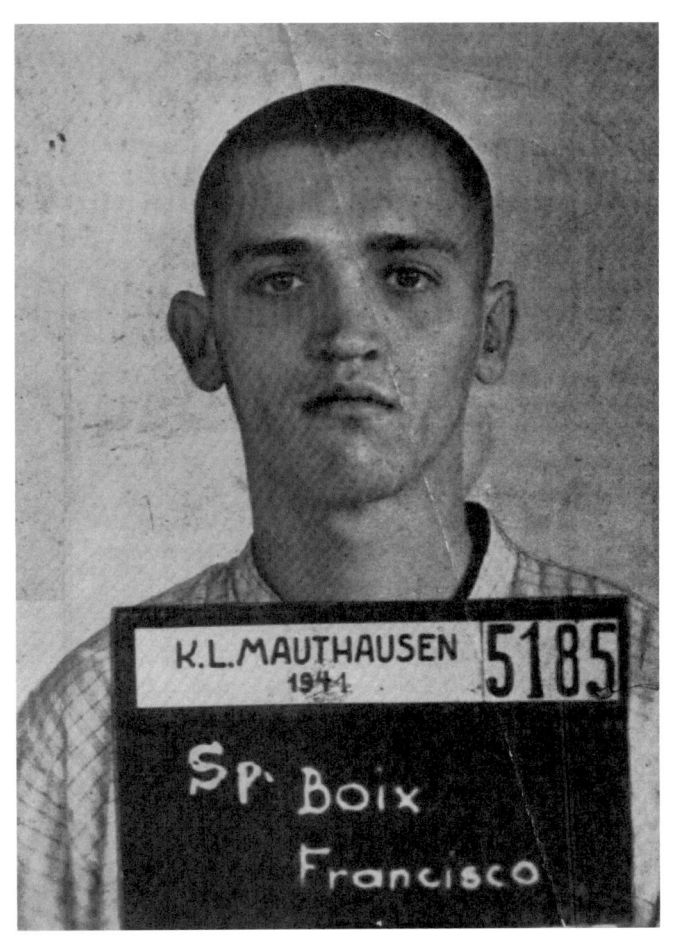

22. Francisco Boix, o adolescente que em 1937 trouxe sua máquina fotográfica para a frente de batalha, foi mais tarde deportado de um *stalag* para o campo de concentração de Mauthausenm, em 1941, do qual foi nomeado fotógrafo oficial. Boix fora capturado enquanto lutava em um batalhão de trabalho francês, do qual seus amigos haviam tentado em vão libertá-lo.

na França, apesar de sempre doente, pois sua saúde fora gravemente abalada no campo de concentração. Em 1951, aos trinta anos de idade, ele morreu de insuficiência renal aguda – outra das mortes "estúpidas", para usar a linguagem demolidora de Semprún.

## A Volksgemeinschaft de Franco

*Aquí la flama de l'esperit és um record vague, una història perduda.*
(Aqui a chama do espírito é uma lembrança vaga, uma história perdida.)

(Agustí Bartra, *Tercera elegia*)

Neste lugar, nada te pertence.
(guarda do presídio de mulheres de Les Corts, Barcelona, 1942)

O espaço do campo e da "guerra sem limites" também existia dentro da Espanha. O pai de Francisco Boix morreu lá, como preso político, em 1942. À imagem da ordem nazista a que aspirava fazer parte, a Espanha de Franco foi construída como uma comunidade monolítica pela violenta exclusão de categorias especiais de pessoas.

De modo geral, os excluídos foram os setores sociais republicanos derrotados que não puderam sair do país: operários, camponeses sem terra, nacionalistas regionais, profissionais liberais e grupos afinados com a ideia da "nova" mulher – setores que haviam desafiado a ordem cultural, política e econômica estabelecida. Para o regime de Franco, todos eram "vermelhos", e, uma vez colocados além da nação, não tinham direito algum.

Dezenas de milhares foram executados, assassinados com ordem judicial após julgamentos militares sumários. Centenas de milhares mais, homens e mulheres, foram confinados no que os historiadores hoje denominam de "universo penitenciário" do franquismo: reformatórios e presídios, campos de concentração e batalhões de trabalhos forçados, onde os militares destacados para organizar esses lugares refiram-se a si próprios como "o exército da ocupação". Os prisioneiros eram submetidos a uma tentativa brutal e continuada de remodelar suas consciências e valores. Para esse fim, dezenas de milhares de pessoas foram coagidas, maltratadas e humilhadas diariamente. Às vezes, porém, a pressão aplicada era ainda maior. Matilde Landa, importante militante política que teve sua sentença de morte comutada para prisão perpétua em 1939, valeu-se de sua experiência no direito para criar um dos primeiros serviços de ajuda jurídica para suas companheiras de cárcere. Em parte por ser famosa, em parte por ser uma mulher culta, que teve "berço", e, portanto, era tida como "recuperável" segundo os critérios do regime, fizeram enormes esforços para que ela repudiasse suas opiniões políticas e aceitasse o batismo e a confissão. Chegaram até a propor-lhe a liberdade em troca da "retratação" pública. Quando tudo isso fracassou, passaram a mantê--la em confinamento solitário por períodos de tempo cada vez mais longos. Transferida de Madri para um presídio de mulheres em Palma de Mallorca, onde a coerção continuou, Matilde Landa morreu ao cair de uma janela interna da penitenciária, no dia 26 de setembro de 1942, em um possível suicídio.

Entre outras vítimas do franquismo estão as "crianças perdidas", bebês e crianças pequenas tiradas dos braços das mães prisioneiras; com nomes trocados, as crianças eram oferecidas à adoção por famílias adeptas do regime. Centenas de crianças de famílias operárias foram enviadas para instituições estatais, porque as autoridades consideravam suas famílias republicanas "aptas" a educá-las. O regime de Franco falava de "proteção dos menores", mas a ideia de proteção estava integralmente relacionada com os discursos de castigo e purificação. Em tese, castigo caberia aos pais; "redenção" ou "reabilitação", às crianças. Mas a realidade, conforme vivida pelas crianças republicanas, foi um reflexo da crença enraizada no pessoal do Estado (religiosos em

**23. Presos políticos republicanos na Espanha, 1952 (presídio de Ocaña).**

especial, mas em muitos outros também) de que as crianças têm de *expiar* os "pecados dos pais". Ao mesmo tempo, lhes diziam inúmeras vezes que elas também eram irrecuperáveis. Por esse motivo, ficavam com frequência segregadas de outras classes de internos nas instituições estatais e submetidas a maus-tratos físicos e psicológicos.

Um menino que passou por um campo de concentração nazista e por um reformatório franquista na Barcelona dos anos 40 escreveu sobre as semelhanças entre as duas instituições fundamentais, comparado-as a fábricas de desumanização; outra "criança perdida" das instituições franquistas, entrevistada em seus setenta e poucos anos para um documentário de televisão, disse que seu "eu verdadeiro" tinha morrido durante o período em que esteve encarcerada na década de 40. Seu comentário evoca a ideia sinistra do *revenant* do campo de concentração. Como assinalou Jorge Semprún, do campo de concentração não se "retorna" a não ser como fantasma.

Na década de 40, o trabalho também era apresentado como um modo de redenção para os "pecadores". Prisioneiros republicanos foram usados como mão de obra escrava: 20

mil trabalharam na escavação da rocha bruta para construir a basílica do Vale dos Caídos, o monumento de Franco à sua cruzada vitoriosa e aos vencedores da guerra civil. Batalhões de trabalho formados por republicanos também foram usados pelo exército e alugados a empresas privadas. A agência estatal responsável pela fiscalização dos presos usados como mão de obra forçada se chamava comissão para a *redenção* de penas pelo trabalho. As noções católicas de penitência e expiação através do sofrimento eram usadas para permitir a exploração econômica extrema dos prisioneiros.

Não deve surpreender que os republicanos mais fortemente visados pela disciplina penitenciária do regime fossem os operários urbanos – a base social por excelência da República, agora prostrada pela derrota. Os historiadores talvez divirjam sobre se uma vitória da República teria permitido manter o apoio do operariado apesar das duras consequências econômicas da reconstrução em tempo de paz. Certo é que o regime de Franco nunca enfrentou esse problema. Ao excluir explicitamente uma enorme quantidade de trabalhadores urbanos e rurais da sua definição de comunidade nacional, ganhou uma justificativa ideológica para sua exploração econômica em nome do "renascimento nacional". Os salários muito abaixo dos níveis de subsistência justificados sob esse argumento foram um fator decisivo para a acumulação acelerada dos bancos, da indústria e dos grandes latifundiários durante toda a década de 40. A repressão teve importante papel na prosperidade econômica dos anos 60, ao garantir a "estabilidade" que tornou a Espanha atraente para investidores externos.

A exclusão social manipulada por Franco não foi específica a uma classe. Extensos expurgos atingiram o funcionalismo público, especialmente entre professores universitários e de escolas fundamentais: com isso, uma quantidade considerável de profissionais de classe média se associaram às fileiras dos excluídos. A repressão cultural foi bem evidente no País Basco e, sobretudo, na Catalunha, onde os movimentos políticos populares tinham posto em questão o conceito de Estado ultracentralizado e castelhanizado. Durante algum tempo, proibiu-se o uso das línguas basca e catalã. No conjunto da Espanha, um quarto de todos os professores perderam o direito de exercer sua profissão. Os republicanos também foram submetidos ao exílio interno e seus filhos foram excluídos da universidade. Por exemplo, embora Magdalena Maes descendesse de uma família de classe média abastada de Zamora, o fato de ser sobrinha de Amparo Barayón (cujo assassinato sem ordem judicial foi mencionado no Capítulo 2) impediu-a de estudar e de seguir a carreira de jornalista que havia escolhido.

Para os mortos civis, a guerra ainda se prolongaria por toda a década de 40 nas intensas e variadas formas de repressão e discriminação institucionalizada com as quais se construiu o regime. Nenhuma esfera da sociedade esteve imune à mobilização fascista: trabalho, emprego e educação, como vimos, mas também o direito, a economia, a cultura, a organização da vida cotidiana e o espaço público. Por meio de todos esses canais, o regime empenhou-se ativamente em construir uma divisão maniqueísta dos espanhóis entre vencedores e vencidos.

A própria história foi usada como arma nesse trabalho de exclusão. Franco legitimou sua nova ordem violenta recorrendo a uma leitura ultraconservadora da história da Espanha, leitura que a República havia posto em questão. Ele construiu o mito repressivo de uma "nação" espanhola monolítica nascida no século XV com os Reis Católicos, na qual a hierarquia e a homogeneidade cultural, garantidas pelo catolicismo integrista, tinham gerado a grandeza imperial. Embora o império não existisse mais, a Espanha metropolitana haveria de voltar a ser grande sob Franco como baluarte contra os "pecados" da modernidade, simbolizados pela República: livre-pensamento ilustrado, aceitação da mudança igualitária e tolerância com as diferenças e heterogeneidades culturais.

O regime instituiu a Causa General, uma espécie de comissão da inverdade e da não reconciliação, que instava as pessoas a prestarem depoimentos nos tribunais de toda a Espanha sobre os "crimes dos vermelhos". Talvez esse procedimento ajudasse os que haviam perdido pessoas queridas, inclusive nos assassinatos sem ordem judicial que se sucederam após o golpe militar de julho de 1936, levando-os a encerrar o assunto e a obter algum consolo. Entretanto, a falta de garantias probatórias (e até a crua fabricação de provas) e a ênfase em denúncias chocantes revelaram que o principal objetivo dos processos era a legitimação e a estabilização do regime por meio da criação de uma narrativa maniqueísta da guerra civil. A mensagem fundamental da Causa General eram as atrocidades que só tinham sido cometidas pelos republicanos e sofridas pelos partidários de Franco. Os denunciados, se chegassem a ser presos, podiam ser processados judicialmente em um sistema no qual a própria lei funcionava como importante instrumento de repressão. Até 1936, todos os acusados considerados opositores da ordem franquista eram julgados por tribunais militares. O sistema de justiça civil continuou a existir e a ter um papel complementar na repressão. Contudo, foram nomeados juízes militares para as cortes civis, e, ademais, sua jurisdição foi reduzida pela criação de numerosas seções especiais, cujo objetivo também era predominantemente repressivo. Entre os instrumentos mais importantes estão o Tribunal Especial para a Repressão à Maçonaria e ao Comunismo (1940) e a Lei de Responsabilidades Políticas (1939), uma legislação genérica que servia para tudo, cuja aplicação retrospectiva remontava a outubro de 1934 e fazia uma compilação das piores práticas judiciais e da dinâmica vingativa do regime franquista. A lei permitia a imposição de tributos econômicos na forma de multas e expropriações de bens dos acusados e suas famílias. Os condenados pelos tribunais militares eram automaticamente remetidos aos Tribunais de Responsabilidades Políticas. No entanto, muitos dos que chegaram a essa última instância foram punidos não pelo que tinham feito, mas por atos de omissão, isto é, por não terem apoiado expressamente a rebelião militar. Entre 1939 e 1945, cerca de 500 mil pessoas foram submetidas aos procedimentos da Lei de Responsabilidades Políticas; embora milhares desses casos nunca chegassem a receber sentença – muitas vezes por sobrecarga administrativa e falta de pessoal –, os efeitos repressivos sobre os denunciados não foram menores.

As decisões dos tribunais franquistas também arruinaram a vida de muita gente de outras maneiras. Uma das mais traumáticas, e menos analisada, talvez seja a revogação da lei do divórcio e da legislação republicana do casamento civil (que tornava ilegítimos os filhos desses casais). Divórcios foram desfeitos e os que haviam se casado em cerimônias civis foram obrigados a se casarem novamente na igreja, se quisessem que seu estado civil fosse reconhecido. Contudo, os sacerdotes costumavam recusar a cerimônia religiosa se desaprovassem as opiniões políticas ou convicções éticas de uma das partes. Por esses e outros motivos, os religiosos atuaram como agentes importantes da disciplina social na Espanha do pós-guerra, uma demonstração da aliança institucional entre Igreja e Estado que foi decisiva para a legitimação política do franquismo. Fazia parte desse arranjo que os padres dessem informações sobre seus paroquianos às autoridades políticas, denunciando os "vermelhos" aos tribunais estatais.

A denúncia foi o principal instrumento para provocar a prisão e o julgamento de republicanos na Espanha do pós-guerra. Mas os padres não foram os únicos denunciantes. Dezenas de milhares de espanhóis comuns também responderam ao estímulo entusiasta do regime – por convicção política pessoal, por preconceito, oportunismo ou medo. Denunciaram vizinhos, conhecidos e até familiares, sem que se exigisse ou procurasse comprovação. Embora o sistema fosse instigado pelo governo, as consequências das denúncias criaram densas redes de cumplicidade e de colaboração. Em outras palavras, o trabalho de legitimar o franquismo e a construção de sua comunidade brutal repercutiu profundamente na sociedade espanhola. Inclusive de outras maneiras, como nas humilhações cotidianas que ensinaram aos derrotados as lições do poder e o significado de sua derrota, quando, por exemplo, um pai "vermelho" tinha de recorrer humildemente aos vizinhos bem relacionados com o governo para obter ajuda para um filho doente.

A reconstrução do poder e das hierarquias locais (e, portanto, nacionais) teve muito a ver com esses momentos de interação. Entretanto, no imediato pós-guerra, a Espanha continuou a comportar mundos sociais assustadoramente separados. Ao lado da pobreza mais bárbara e do terror generalizado, havia ambientes de comodidade, segurança e ordem recuperada. Enquanto os "vencedores" raspavam as cabeças das mulheres republicanas e lhes faziam ingerir óleo de rícino, ou as transportavam com os filhos em vagões de gado pelo do país, ou as estupravam nas delegacias, as mulheres da aristocracia sulista proprietária de terras ou das famílias de classe média endinheirada do núcleo conservador do país celebravam a redenção de sua esfera familiar privada e se deleitavam com o surto de cerimônias públicas da Igreja Católica. Uma mulher que tinha estado muito próxima do partido católico conservador, a CEDA, fez o seguinte comentário muitas décadas depois:

> [...] faltavam liberdades, mas é lógico que nós que levávamos uma vida organizada, éramos profissionais e víamos as coisas por uma ótica mais pessoal, nos sentíamos tranquilos e felizes.

Contudo, para os vencidos, a possibilidade de retirar-se ao espaço privado da vida era muito rara. À insegurança dos espaços públicos – nas ruas os falangistas costumavam obrigar os transeuntes considerados "duvidosos" a fazer a saudação fascista –, somava-se a insegurança e a precariedade do "lar". No mais das vezes, a casa estava vazia, porque as mulheres saíam para trabalhar por longas jornadas, iam visitar familiares presos ou procurar meios de arranjar mantimentos escassos, quase sempre no mercado negro, que punia ainda mais as camadas pobres da população urbana. E, mesmo quando elas estavam em casa, esse espaço era cada vez mais invadido por organismos estatais, principalmente pela seção feminina da Falange, que oferecia serviços mínimos de assistência em troca do direito de exercer supervisão moral e controlar a "penitência" dos vencidos.

A brutal comunidade nacional da Espanha não seria derrubada rapidamente. É verdade que em 1945 o frenesi das execuções estava diminuindo. Franco deve ter sentido necessidade de mostrar uma cautela estratégica em face da derrota do Eixo. Mas o fato é que o investimento no terror já tinha surtido efeito. Além disso, a forma que os aliados escolheram para punir o regime franquista por sua aliança com o Eixo – a saber, excluí-lo da ajuda do Plano Marshall para a reconstrução da Europa – também teve a consequência concreta de penalizar os que tinham perdido a guerra civil. Pois como alegou, em seu exílio, o inteligente e perspicaz primeiro-ministro republicano, Juan Negrín, a inclusão da Espanha no Plano Marshall poderia ter mitigado e inclusive solapado os efeitos punitivos do projeto disciplinador franquista. Acontecimentos posteriores mostram a justeza de seu pensamento, porque foi a mobilidade dos trabalhadores, gerada nos anos 50, depois que a economia espanhola se reativou graças aos acordos de ajuda com os Estados Unidos – equivalentes, na prática, ao Plano Marshall particular da Espanha –, que propiciou uma saída das hierarquias rígidas e das lembranças implacáveis dos povoados e cidades de província para os setores sociais "vermelhos", derrotados, com mais frequência para seus filhos e filhas. Foram eles que migraram para as cidades em crescimento e constituíram a nova força de trabalho de um setor florescente industrial. O êxodo da população pobre do Sul rural durante esses anos acabou "solucionando" o problema estrutural da massa de trabalhadores sem-terra que esteve no cerne do conflito social espanhol na década de 30, quando a República tentou enfrentá-lo de maneira mais explicitamente igualitária.

Em fins da década de 50 e começo da de 60, as cidades ofereciam um grau relativo de anonimato e, por decorrência, de certa forma de liberdade, embora não da exploração econômica. Mas as cidades não pertenciam mais aos derrotados do que as aldeias do interior da Espanha, pois enquanto durou o regime de Franco não podiam existir símbolos nacionais ou discursos públicos que refletissem sua experiência. Os vencidos não projetavam reflexos. Nenhum espaço público era deles. Enquanto os mortos franquistas eram honrados com memoriais de guerra e seus nomes eram gravados nas igrejas – "Caídos por Dios y por España" (os que tombaram por Deus e pela Espanha) –, os mortos republicanos não puderam ser velados em público. Os vencidos eram obrigados a ser cúmplices dessa negação. As mulheres escondiam dos filhos as mortes violentas dos maridos e pais a fim de protegê-los física e psicologicamente. Nos povoados de toda a Espanha, muitos guardavam listas secretas dos mortos. Irmãs desenhavam na cabeça o mapa do lugar onde estavam seus irmãos assassinados, mas nunca falavam a respeito. O conhecimento secreto da existência de túmulos desassossegados engendrou necessariamente um cisma devastador entre a memória pública e a memória privada. Foi um cisma que perdurou além do próprio regime de Franco.

## Capítulo 7

# As aplicações da história

> [...] só podemos esquecer o que sabíamos anteriormente.
> A primeira coisa a fazer, portanto, é saber.
> (Pedro Lain Entralgo)

> Nunca mais um relato será contado como se fosse o único.
> (John Berger)

Para os espanhóis, a guerra civil continua a ser uma pedra de toque de enorme importância política exatamente porque a ditadura de Franco utilizou-se dela para fins ideológicos. O regime manipulou uma versão monolítica e extremamente partidarizada da guerra, tratando-a sempre como uma "cruzada" ou uma "guerra de libertação nacional", jamais como guerra civil.

Em 1963, quando as praias espanholas começaram a ser invadidas pelo turismo europeu de massas, o regime – que continuava a executar pessoas por "crimes de guerra" – comemorou seus "25 anos de paz". Os atos públicos e os milhões de cartazes colados nos muros das cidades e povoados por todo o país retratavam a guerra como uma luta contra as hordas da anti-Espanha a serviço da conspiração judaico-marxista-maçônica; uma guerra em defesa da unidade nacional contra os separatistas, da moralidade contra a iniquidade. Não era a "paz" que comemoravam, mas a "vitória", em plena década de 60. O regime pretendia com isso evitar a maioria das formas de *aggiornamento* cultural e social. Nesse processo, reduziram a história contemporânea – e, sobretudo, a história da guerra civil – a um instrumento propagandístico do Estado: apologia e hagiografia produzidas por policiais, militares, sacerdotes e funcionários públicos, pois somente a estes era permitido o acesso aos arquivos e aos meios de publicação.

Foi essa justamente a razão pela qual a historiografia anglo-americana sobre a Guerra Civil Espanhola teve tanta influência na década de 60 e nos dez anos seguintes. Constituída de estudos que tratam da diplomacia, da alta política e da economia, essa historiografia abordava a rápida internacionalização da guerra e suas consequências para as grandes potências na década de 30. Elaborada com rigor analítico e intelectual, funcionou como antídoto à produção tendenciosa do regime franquista. Contudo, suas análises estavam, por definição, divorciadas da base empírica dos arquivos espanhóis.

No final da década de 70 e primeiros anos de 80, no momento em que a transição da ditadura de Franco para a democracia liberal iniciava seu lento degelo, começaram a aparecer novas obras, inclusive escritas por espanhóis, que se dedicavam a analisar o desenvolvimento político interno dos dois lados em guerra na Espanha e suas relações com a polarização europeia nos anos 30. Entre esses novos estudos estavam as primeiras análises relacionando o franquismo ao fascismo europeu, além de pesquisas sobre as Brigadas Internacionais que lutaram do lado da República, um trabalho que continua em curso atualmente, em especial, no último caso, após a abertura dos arquivos de Moscou. Tal como as obras anteriores, esses estudos também se diferenciavam dos textos históricos acríticos de orientação franquista. No entanto, sua abordagem da ideologia era apresentada de maneira claramente simplista e dualista.

Com a abertura política na Espanha, iniciada em fins da década de 70 e continuada nos primeiros anos da década seguinte, começaram a ser produzidas pesquisas baseadas nos arquivos históricos da guerra civil, muitas delas elaboradas pelas novas gerações de espanhóis. Mas, por ironia, esses novos estudos foram severamente obstruídos pela própria transição. As elites franquistas haviam concordado com o retorno à democracia em troca de uma anistia política *de facto*, o chamado "pacto de silêncio". Ninguém seria responsabilizado judicialmente, nem haveria algo equivalente a uma comissão da verdade e de reconciliação. Embora a anistia não se aplicasse especificamente à historiografia, na prática, durante certo tempo, teve um efeito inibidor. O mesmo temor a um recrudescimento da guerra civil, lembrada e manipulada sem cessar pela ditadura e ainda presente no poder de fogo do exército e da extrema-direita nos anos 70 e 80, impôs novamente aos espanhóis a autocensura sobre o que podiam e não podiam dizer publicamente a respeito da guerra.

Entretanto, o "pacto de silêncio" também foi resultado inevitável da cumplicidade dos "espanhóis comuns" com a repressão, conforme analisado no Capítulo 6. O silêncio devia-se tanto à culpa dos herdeiros dos denunciantes e assassinos quanto ao medo daqueles cujas famílias tinham sido vítimas da repressão. Havia um temor generalizado das possíveis consequências de se reabrirem velhas feridas que o regime franquista se recusou explícita e expressamente, década após década, a permitir que cicatrizassem. A desvantagem do *modus vivendi* da transição, embora necessária em outros aspectos, foi pedir àqueles que durante cerca de quarenta anos tinham sido obrigados a silenciar que voltassem a se calar e aceitassem que não haveria um reconhecimento público de suas vidas ou de suas lembranças.

No entanto, uma das características mais marcantes do final da década de 80 na Espanha foi a proliferação de estudos históricos de natureza empírica que reconstruíram minuciosamente a repressão franquista, província por província. Às vésperas do novo milênio, cerca de sessenta por cento das províncias espanholas já tinham sido pesquisadas em algum nível. Muitas vezes os historiadores tiveram de desenterrar documentos de arquivos locais há muito esquecidos a fim de recriar uma narrativa sobre a qual não havia fontes análogas nos depósitos do Estado. Embora o regime franquista fizesse alarde de suas virtudes morais, no início da década de 70 boa parte dos documentos referentes à repressão guardados nos arquivos policiais, judiciários e militares tinham sido destruídos. (Igualmente relevante é a abertura dos arquivos do Ministério das Relações Exteriores da Espanha sobre o período da *entente* Franco-Hitler na década de 40, mesmo que nesse caso não seja possível preencher as lacunas com dados locais.)

O esforço que vêm realizando esses historiadores consiste na necessária restituição da memória coletiva, na narração de todas aquelas histórias complexas que foram silenciadas pela "verdade" monolítica da ditadura, das quais a Causa General, mencionada no Capítulo 6, é um exemplo. O aspecto mais importante desse trabalho historiográfico é que ele significa o reconhecimento público de todas as narrativas que não puderam vir à tona em razão das circunstâncias especiais e precárias da transição democrática. A nova história da repressão, narrada com os nomes verdadeiros e que conta os mortos dos registros civis municipais e das listas dos cemitérios, equivale, em um sentido bem real, aos memoriais da guerra para quem nunca os teve, para aqueles que não foram libertados em 1945. A "história" que, na forma de um mito franquista, fora usada como instrumento de repressão agora é uma parte essencial da reparação – graças ao trabalho de historiadores independentes, amadores e profissionais – e, como tal, um ato de cidadania democrática e constitucional.

## Velhas memórias, novas histórias

> Sorte sua, meu filho, faz muito tempo que deixamos de ter medo na Espanha.
> (Pedro Almodóvar, *Carne trêmula*, 1997)

Para poder lembrar é preciso superar o medo. Desde os primeiros anos do novo milênio, tem havido uma inundação de memória republicana a partir da formação de grupos civis de pressão, entre os quais o mais conhecido é a Associação para a Recuperação da Memória Histórica (ARMH), entidade que solicitou a exumação dos restos mortais das pessoas assassinadas extrajudicialmente pelas forças de Franco, a fim de identificá-las e permitir às famílias e amigos lhes dar novo sepultamento. Calcula-se que o número de desaparecidos chegue a 30 mil, mas é provável que somente uma pequena parcela seja exumada – possivelmente centenas, e não milhares. Entre os corpos exumados está o de Pilar Espinosa, de Candeleda, em Ávila, cujo assassinato foi descrito no Capítulo 2. Seus restos mortais jaziam desde 1936, ao lado dos corpos de duas mulheres assassinadas junto com ela, em uma cova rasa à beira de uma estrada aparentemente anônima, mas que, na realidade, aldeões vizinhos haviam marcado com uma simples pedra.

A ARMH foi fundada por Emilio Silva, que procurava o corpo de seu avô, morto em outubro de 1936 por justiceiros franquistas em Priaranza Del Bierzo, província de León, no Nordeste da Espanha. A avó de Silva, embora tivesse conhecimento do ocorrido com o marido, jamais contou coisa alguma a nenhum dos seus seis filhos. No caso de Silva, como em tantos outros, só a geração seguinte sentiu-se estimulada a fazer perguntas – instigada pela experiência insondável, mas profunda, dos sentimentos de perda, angústia e das crises de ausência dos parentes mais velhos. O "olhar do neto", como denominou um eminente historiador espanhol, foi crucial para desvendar esse passado da Espanha. A cova rasa em Priaranza, contendo os restos mortais do avô de Silva e outras treze vítimas, tornou-se um caso emblemático da ARMH e foi levado ao Alto Comissariado para os Direitos Humanos das Nações Unidas. Em outubro de 2000, o corpo foi exumado e, em maio de 2003, o avô de Emilio Silva (que também se chamava Emilio Silva) tornou-se a primeira vítima da guerra civil da Espanha a ter sua identidade confirmada por exame de DNA. Para a família Silva, o círculo aberto violentamente em outubro de 1936 fechou-se em 18 de outubro de 2003, e os "treze de Priaranza" foram levados para casa e enterrados em cerimônias íntimas nos cemitérios locais. Devolver os mortos ao seu lar ainda conserva uma enorme carga simbólica, porque os mais velhos recordam-se de que o mais devastador efeito do golpe militar que desencadeou a guerra foi justamente o de destruir a noção de "lar" como espaço de segurança.

Há um livro de memórias em especial que fala precisamente dessa destruição e que prenunciou a erupção na esfera pública da onda de reminiscências da repressão física e psicológica: *Muerte em Zamora*, escrito pelo filho de Amparo Barayón, cuja história foi relatada no Capítulo 2. O rapaz foi criado nos Estados Unidos e não tinha nenhuma informação sobre a mãe antes de regressar à Espanha, no final da década de 80, para descobrir a verdade sobre a prisão e execução extraoficial dela. O livro expõe uma extraordinária epopeia no tempo, no espaço e na memória. Mostra ainda que proveio da sociedade civil a dinâmica inicial da comemoração realizada na Espanha nos primeiros anos do século XXI.

Além da publicação de obras sobre a história da repressão, também houve uma enxurrada de produções populares e jornalísticas (inclusive filmes e documentários) sobre os cárceres, os batalhões de trabalho e a guerrilha antifranquista da década de 40, que, conforme vimos anteriormente, não se considerava um caso isolado, mas um componente das guerras europeias de resistência contra a nova ordem nazista. Mais recentemente, em 2003, um documentário sobre o tema emocionante das crianças separadas de suas famílias republicanas (*Los niños perdidos del franquismo*) atraiu plateias enormes em todo o país. A explosão da memória da repressão é uma expressão espontânea de sentimentos, antes que as gerações que sofreram o que agora relembram desapareçam para sempre. As vítimas hoje idosas dos trabalhos forçados ou dos longos períodos de encarceramento querem que o que fizeram com elas seja publicamente reconhecido antes de morrerem. Há, portanto, uma comparação factível com a memória do Holocausto em seu sentido mais amplo – porque um dos seus gatilhos cruciais é o fim da memória biológica e o terrível sentimento de tristeza, perda e perigo que engendra.

Os mesmos motivos prevalecem em parte nas gerações posteriores. Os netos, a geração que propôs aquelas perguntas, foram capazes de fazê-las porque, ao contrário dos seus pais, sentem-se a salvo – mesmo porque suficientemente distantes do trauma familiar direto e do contexto político e social que lhe deu origem. Começamos, assim, a responder à pergunta sobre a razão do "olhar do neto". Esta, porém, só pode ser uma parte da resposta, já que não explica por que a recuperação daqueles fatos dolorosos é tão importante para aqueles que só podem tê-los como "pós-memória", isto é, os que não os viveram diretamente nem experimentaram suas consequências imediatas. Esse tema provavelmente ultrapassa os objetivos deste livro, porque situa a Espanha no contexto europeu mais geral de imponderáveis relacionados com o impressionante surto de rememoração e comemoração histórica de nosso tempo. No entanto, na Espanha, como em outros lugares, essa quase obsessão tem a ver, sem dúvida, com uma consciência subliminar de tudo o que se perdeu de modo irremediável – pela "purificação", genocídio e diáspora – nas guerras da metade do século XX na Europa. A "memória" também pode funcionar, então, como fonte de consolo em uma época em que já não cremos em certos tipos de progresso, mas ainda somos fortemente influenciados por um conceito linear do tempo. De uma perspectiva mais positiva, o trabalho de recuperação de fragmentos históricos é uma forma de solidariedade. "Tantos amigos que eu jamais conheci desapareceram em 1945, o ano de meu nascimento", escreve Patrick Modiano em sua procura por um dos perdidos que se torna um memorial para todos.

Apesar de toda sua significação civil e cultural, as comemorações na Espanha, como em outros lugares da Europa, sempre tratam de certa forma da política atual. E, na Espanha, a complexa dinâmica entre centro e periferia se faz sentir na política da celebração, como em tudo mais. Enquanto o Partido Popular (PP), centralista e conservador, que dominou o governo entre março de 1996 e março de 2004, relutou em dar apoio a qualquer iniciativa civil ou política que desafiasse diretamente a legitimidade do regime de Franco, os políticos catalães perceberam as vantagens de patrocinar as comemorações republicanas. Essa posição permitiu aos nacionalistas da Catalunha questionarem a autenticidade da conversão do PP a uma forma esclarecida de "patriotismo constitucional". De fato, a posição do PP nas "guerras pelos arquivos" em curso tende a indicar a adesão continuada a uma concepção de patriotismo antiga, agressivamente centralista, castelhana e chauvinista. O que estava em disputa nessas guerras era a documentação que veio à tona como butim franquista e que agora faz parte do Arquivo Geral da Guerra Civil Espanhola, depositado em Salamanca (uma das capitais de Franco durante a guerra e que continua a ser o coração da Espanha católica, centralista e conservadora). Enquanto esteve no poder, o PP se opôs a todas as tentativas da *Generalitat* para reaver os originais da documentação catalã capturados pelos exércitos franquistas durante a guerra e guardados em Salamanca para servir de prova contra os opositores republicanos do regime.

A Igreja Católica espanhola, por sua vez, ainda não se acertou com seu papel na repressão franquista. Em 1971, ela publicou uma declaração que, apesar de elaborada em termos muito comedidos, resumia-se a uma desculpa por seu papel na guerra e no período posterior. A declaração também foi uma desculpa pela contribuição fundamental da Igreja na legitimização aos olhos do *establishment* político do Ocidente de uma ditadura que por mais de três décadas infringiu diariamente os direitos humanos básicos dos espanhóis. Contudo, ainda hoje, no século XXI, historiadores independentes que buscam acesso às fontes da Igreja sobre os anos 40 encontram-nas bloqueadas. De fato, são os arquivos eclesiásticos e das associações católicas laicas, mais que os militares, que constituem a fronteira final para documentar a Guerra Civil Espanhola e os anos posteriores de paz incivil.

Que a guerra civil ainda é um passado controvertido na Espanha se deduz de muitos outros sinais contemporâneos, mas nenhum deles é mais patente que a falta de representação da guerra nos grandes museus, especialmente em Madri. É mais fácil encontrar tais representações na periferia, especialmente em Guernica, no País Basco, onde se encontra o mais parecido com uma exposição moderna sobre a guerra, ou então em mostras de pequena escala, locais e temporárias.

Em 2003, começaram a aparecer algumas exceções na forma de pequenas exposições fixas, geralmente nas vizinhanças dos locais de batalhas importantes, como, por exemplo, no pequeno município de Morata de Tajuña (Madri), comemorando a Batalha de Jarama. Mas é significativo que se trate de iniciativas particulares, o que também se passa na Catalunha, mesmo que contem com respaldo do governo regional.

A reação franquista veio com a publicação de um livro popular, *Los mitos de la guerra civil* (2003), de Pio Moa. Seu conteúdo anacrônico de propaganda franquista fracassa completamente em face dos últimos 25 anos de pesquisa histórica nacional e internacional. No entanto, ao contrário da maioria das publicações espanholas baseadas nessas pesquisas, *Mitos* foi escrita em uma linguagem clara e simples, visando especificamente o leitor geral. O livro obteve extraordinário sucesso comercial na Espanha, sobretudo e notadamente entre os jovens que são mais vulneráveis porque os livros escolares de história continuam a omitir ou a tratar superficialmente as décadas de 30 e 40. A pobreza da obra de Moa, sua incapacidade de transmitir a complexidade e as sutilezas da história de um passado que tantos leitores buscam conhecer, a torna anacrônica em uma época em que a recuperação da memória republicana mostra que a cultura democrática na Espanha está atingindo a maturidade. Quem sabe se o fenômeno Moa não parte desse processo – a despeito do conteúdo do seu trabalho mais do que por causa dele.

O debate sobre o livro de Moa também vem se dando na sociedade civil, justamente a entidade que a cruzada franquista pretendeu aniquilar. Moa conta com poderosos aliados nos meios de comunicação espanhóis, mas seu franquismo ultrapassado já não tem mais o respaldo do poder de um Estado repressivo. A sociedade civil espanhola está se fortalecendo e se tornando mais complexa, como indica a campanha pela memória republicana e as covas coletivas. Vale notar que o livro de Moa foi superado de longe em vendagem pelo de Javier Cercas, *Soldados de Salamina*, um romance que se passa na guerra civil e que de forma sutil e humana desmascara os valores estéreis dos "honrados soldados" golpistas de Moa. Enfim, até a falta de recursos financeiros que atrapalha o trabalho da Associação para a Recuperação da Memória Histórica pode ser um preço que valha a pena pagar para manter sua independência, pois, quando governos e Estados – ainda que liberais e democráticos – fomentam a memória pública, isso pode mudar o significado e o valor da rememoração. O trabalho da memória que emana da sociedade civil é em si muito mais curativo e mais útil para a construção de uma cultura democrática. Como afirmou o antropólogo Michael Taussig, esse trabalho "permite que os poderes morais e mágicos dos mortos sem sossego fluam para a esfera pública".

Onde, então, a política atual e os projetos de comemoração, e a complexa mistura de ambos, deixam os temas do historiador da Guerra Civil Espanhola? Vimos que, desde o início dos anos 90, uma nova geração de historiadores espanhóis começou a enfocar a guerra como um conflito que abarcou toda a sociedade. O trabalho iniciou pela desmontagem bem-sucedida dos mitos franquistas, apesar do livro de Moa. Hoje, estão surgindo, ademais, novos estudos que se baseiam nas metodologias da história social desenvolvidas por especialistas de outros países. Restam ainda a examinar alguns temas importantes e essenciais, principalmente o papel do alistamento militar e do exército como fonte de construção nacional, sobretudo na Espanha republicana. E assim como outros historiadores europeus estão se dedicando agora a explorar os laços estreitos entre a mobilização política de massas, a mudança cultural e a identidade/subjetividade na década de 30, a Espanha também necessita pôr em foco a revolução geracional e de gênero que ocorria tanto na cabeça das pessoas quanto nas ruas e que alcançou seu ponto culminante durante a guerra civil. Sejam quais forem os temas específicos, porém, o que essas pesquisas têm em comum é aumentar nossa compreensão da complexidade e das contradições da mudança social e cultural conforme foram se desenvolvendo na Espanha durante a guerra.

Todavia, para os não espanhóis, a ideia do esforço de guerra republicano como a "última grande causa" continua a exercer uma enorme atração. É o legado duradouro e ressoante da esquerda europeia e americana. Costuma-se dizer que a derrota da Espanha republicana foi um momento determinante para os progressistas. Depois da Espanha, não poderia mais haver uma "grande narrativa", uma crença na História como força impulsionadora da mudança humanista ilustrada. É paradoxal, portanto, que essa "última grande causa" pareça ter estado por tanto tempo imune às consequências dessa percepção. Nos anos 30, tal ideia condensava o irresistível compromisso emocional de muitos habitantes da Europa e além dela com a causa política viva da República democrática em guerra e que assim serviu de importante grito de mobilização da ajuda prática. Em ambos sentidos, temos de compreender a "última causa" como um fenômeno histórico por direito próprio. Mas também de ser cautelosos ao usá-la como esquema interpretativo para escrever a história da guerra.

De fato, em certo sentido, a "última grande causa" transformou-se, à maneira de outras fórmulas duradouras, mas simples demais, como a "revolução versus a guerra", em uma narrativa que se conta para mitigar a derrota. Essa fórmula aponta ainda para a visão de mundo binária que habitava a cultura da antiga esquerda não menos que a de seus adversários políticos contemporâneos – Franco, na Espanha, ou Joseph McCarthy, nos Estados Unidos. Bill Aalto, o rapaz fino-americano do Bronx que se tornou brigadista internacional e lutou na guerrilha republicana, foi um herói de guerra da classe operária, e também era gay. Esse foi um dos motivos pelos quais, à diferença de Irv Goff, seu companheiro de guerrilha, Aalto foi impedido pelos próprios camaradas de voltar com os Lincoln para lutar em uma força especial dos Estados Unidos ao lado da resistência na Europa ocupada. A experiência de Aalto após a Guerra Civil Espanhola, as indagações que formulou acerca da política de pessoal e das categorias de público e privado conforme construídas nas décadas de 40 e 50 pressagiaram o surgimento de uma nova esquerda que igualmente criticava o caráter monolítico da antiga esquerda e sua recusa a considerar as implicações da subjetividade.

Acima de tudo, o atrativo da "última grande causa" estava em sua gratificante simplicidade emocional. Mas, além disso, a ideia perpetuava um erro de categoria que igualava equivocadamente a simplicidade à virtude moral. O argumento de que a Segunda República espanhola elaborou um projeto cultural e político que era eticamente superior ao representado pelo franquismo não em nada da suposta "simplicidade" da causa, muito menos de sua perfeição.

Os voluntários internacionais que lutaram para a democracia republicana na Espanha eram homens e mulheres do seu tempo. E, nas décadas de 30 e 40, os tempos eram mais difíceis, dolorosos e imperfeitos. Grande número de brigadistas lutaram em mais de uma guerra, assim como fizeram os republicanos espanhóis – sempre carentes das confortáveis certezas do patriotismo ou mesmo da segurança mínima de uma pátria. Também nisso eles personificaram sua época, porque na guerra civil europeia de meados do século XX todos os países e nações explodiram; 1939-1945 foi o desenlace sangrento de anos de conflito interno, tanto social e cultural quanto político. Não havia categorias nacionais claras. Foi uma guerra travada pela brutal categorização que constituía o núcleo da nova ordem nazista, no qual viriam a se encontrar resistentes, observadores e colaboradores em praticamente todos os países do continente europeu. O fato de que a memória popular, durante tantas décadas, não se "recordasse" disso (e em alguns casos ainda não o faça hoje) somente indica o sucesso com que esse passado foi reconfigurado segundo as necessidades políticas do pós--guerra – reforçadas, sem dúvida, por um desejo imperioso de esquecer da população cansada e destroçada pela guerra. No entanto, se olharmos para a história desses tempos, e não para a memória deles, é certamente irracional e injusto que se continue a invocar o argumento espúrio de que a "Espanha" não foi uma "nação" beligerante na Segunda Guerra Mundial para impedir que os veteranos do Dia D, do desembarque na Normandia, participassem das comemorações – tal como foram impedidos de participar das celebrações de 2004, as últimas nas quais haverá um elo vivo com os acontecimentos celebrados.

O passado é outro país. Mas fazer história é, por definição, um diálogo interminável entre o presente e o passado. Muito do que estava em jogo na Espanha permanece nos dilemas de hoje, em cujo cerne se encontram as questões da raça, da religião, de gênero e outras formas de guerra de cultura que nos desafiam a não recorrer à violência política e de outros tipos. Resumindo: tal como exorta a epígrafe deste livro, não devemos mitificar nossos medos e fazer deles armas contra os que são diferentes. A Guerra Civil Espanhola e todas as demais guerras civis europeias de meados do século XX se caracterizaram em boa parte por essa mitificação do medo, por um ódio à diferença. O maior desafio do século XXI é não fazermos o mesmo. Esta é uma exortação especialmente relevante para a própria Espanha que, pela primeira vez na história moderna, é um polo de imigração. Entretanto, não é menos oportuna para outros europeus, pois o espaço dos campos ainda está conosco – infelizmente, não só como uma memória histórica. Em julho de 1914, o poeta húngaro Miklós Radnóti, evocando a Espanha republicana e os amigos que ali tinham morrido em combate como símbolos do que fazia a luta continuar valendo a pena, escreveu em seu cárcere em um campo de trabalho controlado pela Alemanha, perto de Bor, na Sérvia, e poucos meses antes de ser ele mesmo assassinado por guardas húngaros durante a marcha forçada a que submeteram os prisioneiros após a retirada do exército alemão:

> Entre falsos rumores e vermes, vivemos aqui com franceses, poloneses,
> Italianos ruidosos, sérvios hereges, judeus nostálgicos, nas montanhas.

Este corpo febril, desmembrado mas ainda vivo, espera
Boas notícias, doces palavras de mulher, uma vida livre e
humana.

A Guerra Civil Espanhola, como guerra entre culturas, continua a ser uma parábola do nosso tempo, assim como foi para o de Radnóti, pois estamos à procura dessa mesma "vida livre e humana", ainda esquiva. A parábola permanece, por mais que nossa desumanidade mútua tome formas diferentes de cada vez.

# Referências

Capítulo 1

A epígrafe "Viva os homens que nos trazem a lei!" foi a saudação de uma aldeia aos que participavam da campanha republicana pouco antes da declaração da Segunda República.

Segundo os termos do Tratado de Cartagena (1907), as grandes potência haviam atribuído à Espanha – que já controlava os enclaves norte-africanos de Ceuta e Melilha – a tarefa de policiar o Norte do Marrocos.

O texto da declaração de Franco, transmitida a partir do Marrocos espanhol na época da insurreição militar, pode ser consultado em F. Diaz-Plaja, *La guerra de España en sus documentos*. Barcelona: Ediciones G.P., 1969, p. 11-13.

Capítulo 2

Entrevista de Franco ao jornalista Jay Allen em *The New Chronicle*, 29 de julho, 1º de agosto de 1936.

A citação de um dos jornalistas que acompanhavam o exército sulista de Franco está em M. Sánchez Del Arco, *El sur de España en la reconquista de Madrid*. Sevilha: Editorial Sevillana, 1937, p. 205.

Capítulo 3

A hostilidade das elites inglesas à República espanhola não diminuiu ao longo da guerra civil. Em 1938, um relatório do Foreign Office descreveu o ministro da Justiça republicano, o deputado socialista e dirigente do sindicato dos mineiros, Ramón González Pena, como um "funileiro de [Astúrias]" (W 13853/29/41, F.O. General Correspondence: Spain, Public Records Office).

O texto do famoso cartaz republicano diz: "O analfabetismo cega o espírito. Soldado, educa-te". O cartaz está reproduzido em H. Graham e J. Labanyi (orgs.), *Spanish Cultural Studies. An Introduction*. Oxford: Oxford University Press, 1995, p. 158.

Capítulo 5

O estudo mais recente sobre como a República se armou para a guerra é de Gerald Howson: *Arms for Spain*. Londres: John Murray, 1998. As divergências entre os especialistas ainda são muitas para se poder falar em um consenso sobre por que a República perdeu a guerra civil. Diante dos dados empíricos, porém, poucos estudiosos tentariam defender que a República estava em igualdade de condições com o campo franquista em quantidade ou qualidade da ajuda militar recebida. A respeito de cálculos atualizados sobre a ajuda soviética, consultar G. Howson, *Arms for Spain*, apêndice 3, p. 278-303, especialmente o resumo nas páginas 302-3.

Capítulo 6

A citação que descreve a ação de Murzuch está em J. Cercas, *Soldados de Salamina*. Trad. Wagner Carelli. Brasília: Francis, 2004.

O menino que passou pela experiência dupla de um campo de concentração nazista e de um reformatório franquista foi Michel de Castillo, *Tanguy, Histoire d'un enfant d'aujourd'hui*. Paris: Gallimard, 1957.

A partidária da CEDA que comentou sobre a falta de liberdade na Espanha franquista era Petra Román de Bondia, em entrevista para o último programa da série televisiva *The Spanish Civil War* (Granada Television, Grã-Bretanha), produzida no começo dos anos 1980.

Capítulo 7

Sobre memória, perdas e nosso encontro com a tenebrosa história da Europa de meados do século XX, *ver* W.G. Sebald, *Os emigrantes*. Trad. José Marcos Mariani de Macedo. São Paulo: Companhia das Letras, 2009. Sobre a recuperação histórica como um ato de solidariedade com os mortos, *ver* Patrick Modiano, *Dora Bruder*. Trad. Maria Helena Franco Martins. Rio de Janeiro: Editora Rocco, 1998.

A história de Bill Aalto foi narrada por Helen Graham em "Fighting the war, breaking the mould: Bill Aalto (1915-

1958)", em R. Baxell, H. Graham e P. Preston (orgs.), *More than One Fight: New Histories of the International Brigades in Spain*. Londres: Routledge/Canada Blanch, 2006. Um esboço da vida de Aalto também aparece em P. Carroll, *The Odissey of the Abraham Lincoln Brigade. Americans in Spanish Civil War*. Stanford, Ca.: Stanford University Press, 1994, p. 118, 167 e 254-258.

G. Agamben, "The Camp as Biopolitical Paradigm of the Modern", *Homo Sacer. Sovereign Power and Bare Life*. Stanford, Ca: Stanford University Press, 1998. *Ver* A. Weiner, *Landscaping the Human Garden*. Stanford, Ca.: Stanford University Press, 2003.

Miklós Radnóti, "Séptima Égloga", Lager Heideman, nas montanhas perto de Zagubica, julho de 1944.

# Leituras complementares

### Textos introdutórios

Textos básicos e introdutórios sobre a Guerra Civil Espanhola em inglês incluem S. Ellwood, *The Spanish Civil War*. Oxford: Blackwell/Historical Association Studies, 1991; M. Blinkhorn, *Democracy and Civil War in Spain 1937-1939*, 2ª ed. Londres: Routledge, 1002; A. Forrest, *The Spanish Civil War*. Londres: Routledge, 2000; F. Lannon, *The Spanish Civil War*. Oxford: Osprey Essential Histories, 2002; e P. Preston, *A Concise History of the Spanish Civil War*. Londres: Fontana, 1996.

### Bibliografias

Os leitores interessados em um ensaio bibliográfico sobre a Guerra Civil Espanhola podem consultar o de Paul Preston, *A Concise History of the Spanish Civil War*, ou sua introdução, "War of Words", em P. Preston (org.), *Revolution and War in Spain 1931-1939*. Londres: Routledge, 1995. Há uma nota bibliográfica mais concisa em Michael Alpert, *A New International History of the Spanish Civil War*, 2ª ed. Basingstoke: Macmillan Palgrave, 2003. Não há nenhuma história militar detalhada em inglês, mas o ensaio de Preston faz uma análise sucinta do material disponível. *Ver* M. Alpert, "The Clash of Spanish Armies: Contrasting Ways of War in Spain 1936-1939", *War in History*, 6: 3 (1999).

### Contexto

Para uma análise do contexto dos conflitos purificadores, genocidas e punitivos nas décadas de 20, 30 e 40 na Europa, *ver* Mark Mazower, *Continente Sombrio*, trad. Hildebgard Feist. São Paulo: Companhia das Letras, 2001; J. Casanova, "Civil Wars, Revolutions and Counterrevolutions in Finland, Spain and Greece (1918-1949): A Comparative Analysis", *International Journal of Politics, Culture and*

*Society*, vol. 13, nº 3 (2000); e István Deák, Jan T. Gross e Tony Judt (orgs.), *The Politics of Retribution in Europe: World War II and Its Aftermath*. Princeton: Princeton University Press, 2000.

## Histórias, memórias e romances sobre a Guerra Civil Espanhola

ALPERT, M. *A New International History of the Spanish Civil War*. Basinstoke: MacMillan Palgrave, 2003, 2ª ed.

BAREA, A. *The Forging of a Rebel* (trilogia autobiográfica). Londres: Fontana, 1984; originalmente publicado em 1946.

BAXELL, R. *British Volunteers in the Spanish Civil War. The British Battalion in the International Brigades, 1936-1939*. Londres: Routledge/Cañada Blanch, 2004.

BAXELL, R., H. GRAHAM e P. PRESTON (orgs.), *More than One Kind of Fight: New Histories of the International Brigades in Spain*. Londres: Routledge/Cañada Blanch, 2006.

BORKENAU, F. *The Spanish Cockpit*. Londres: Pluto Press, 1986; 1ª publ. 1937.

BRENNAN, G. *The Spanish Labyrinth*. Cambridge: Cambridge University Press, 1990; 1ª publ. 1943.

CARR, R. *The Spanish Tragedy*. London: Weidenfeld and Nicolson, 1977; reeditado em 1986 com o título de *The Civil War in Spain*.

CARROLL, P.N. *The Odyssey of the Abraham Lincoln Brigade*. Stanford, Ca.: Stanford University Press, 1994.

CASANOVA, J. *Anarchism, the Republic and Civil War in Spain 1931-1939*. Londres: Routledge/Cañada Blanch Studies, 2005.

CERCAS, J. *Soldados de Salamina*. Trad. Wagner Carelli. Brasília: Francis, 2004.

COLLUM D.D. (org.), *African Americans in the Spanish Civil War: This Ain't Ethiopia but it'll do*. Nova York: G.K. Hall, 1992.

EALHAM, C. *Class, Culture and Conflict in Barcelona, 1898-1937*. Londres: Routledge/Cañada Blanch, 2004.

FRASER, E. *Blood of Spain: The Experience of Civil War, 1936-39*. Londres: Penguin Books, 1988, 3ª ed.

GRAHAM, H. *The Spanish Republic at War 1936-39*. Cambridge: Cambridge University Press, 2002.

GRAHAM, H. "Spain's Memory Wars", *History Today*, maio de 2004.

GRAHAM, H. e J. LABANYI (orgs.) *Spanish Cultural Studies: An Introduction*. Oxford: Oxford University Press, 1995, especialmente as partes II e III.

HARRISON, G. *Night Train to Granada: from Sydney's Bohemia to Franco's Spain – an Offbeat Memory*. Annandale, New South Wales, Austrália: Pluto Press, 2002.

HOWSON, G. *Arms for Spain*. Londres: John Murray, 1998.

HOWSON, G. *The Flamencos of Cadiz Bay*. Westport, CT: The Bold Strummer, 1994, 2ª ed.; originalmente publicado em 1965.

JACKSON, A. *British Women and the Spanish Civil War*. Londres: Routledge/Cañada Blanch, 2002.

LANNON, F. *Privilege, Persecution and Prophecy: The Catholic Church in Spain, 1875-1975*. Oxford: Clarendon Press, 1987.

LEITZ, C. e DUNTHORN, D. J. (orgs.), *Spain in an International Context 1936-1959*. Oxford/Nova York: Berghahn Books, 1999.

LOW, M. e J. BREÁ. *Red Spanish Notebook*. São Francisco: City Lights Books, 1979; originalmente publicado em 1937.

MORADIELLOS, E. "British Political Strategy in the Face of the Military Rising of 1936 in Spain", *Contemporary European History*, I, 2 (1992).

PIKE, D.W. *Spaniards in the Holocaust: Mauthausen, the Horror on the Danube*. Londres: Routledge/Cañada Blanch, 2000.

PRESTON, P. *Franco*. Londres: Harper Collins, 1993.

PRESTON, P. *A Concise History of the Spanish Civil War*. Londres: Fontana, 1996.

PRESTON, P. *Comrades! Portraits from the Spanish Civil War*. Londres: Harper Collins, 1999.

PRESTON, P. "The Great Civil War 1914-1945", em T.C.W. Blanning (org.), *The Oxford History of Modern Europe*. Oxford: Oxford University Press, 2000.

PRESTON, P. *Doves of War: Four Women of Spain*. Londres: Harper Collins, 2002.

PRESTON, P. (org.) *Revolution and War in Spain 1931-1939*. Londres: Routledge, 1995; originalmente publicado em 1984.

PRESTON, P. e MACKENZIE, A. (orgs.) *The Republic Besieged: Civil War in Spain 1936-1939*. Edimburgo: Edinburgh University Press, 1996.

RAGUER, H. *The Catholic Church and the Spanish Civil War*. Londres: Routledge/Cañada Blanch Studies, 2006.

RICHARDS, M. *A Time of Silence: Civil War and the Culture of Repression in Franco's Spain, 1936-1945*. Cambridge: Cambridge University Press, 1998.

SEMPRÚN, J. *A escrita ou a vida*. Trad. de Rosa Freire d'Aguiar. São Paulo: Companhia das Letras, 1995.

SENDER BARAYÓN, R. *A Death in Zamora*. Albuquerque: University of New Mexico Press, 1989; 2ª ed., Calm Unity Press, 2003.

STEIN, L. *Beyond Death and Exile: The Spanish Republicans in France, 1939-1955*. Cambridge, Mass.: Harvard University Press, 1979.

THOMAS, H. *A Guerra Civil Espanhola* – v. 1 e 2. Trad. de James Amado e Hélio Pólvora. Rio de Janeiro: Civilização Brasileira, 1964.

WOOLSEY, Gamel. *Death's Other Kingdom*. Londres: Longmans, Green and Co. 1939.

**Sites**

1. Lista GCE, criada em 1996, principal página sobre a Guerra Civil Espanhola (em espanhol):
*www.guerracivil.org*
2. Amigos de las Brigadas Internacionales (Espanha):
*www.brigadasinternacionales.org*
3. "For Your Liberty and Ours": programa educacional multimídia produzido pela Abraham Lincoln Brigada Archives; editor da série, Fraser M. Ottanelli (em inglês):
www.alba-valb.org (ALBA site)

(i) voluntários judeus na Guerra Civil Espanhola
http://www.alba-valb.org/resources/lessons/jewish--volunteers-in-the-spanish-civil-war/

(ii) afro-americanos na Guerra Civil Espanhola:
http://www.alba-valb.org/resources/lessons/african-americans-in-the-spanish-civil-war

(iii) arte infantil durante a Guerra Civil Espanhola ("They Still Draw Pictures: Teaching Materials"):
http://www.alba-valb.org/resources/lessons/they--still-draw-pictures-1/childrens-drawings-of-the--spanish-civil-war/?searchterm=children's%20art%20during%20the%20spanish%20civil

(iv) Breve bibliografia sobre a história da Brigada Abraham Lincoln:
www.nyu.edu/library/bobst/research/tam/collections.html#alba

4. Página da Asociación para la Recuperación de la Memoria Histórica, que iniciou na Espanha a campanha para abrir as covas comuns e identificar os corpos dos que lá estão sepultados (em espanhol):
www.memoriahistorica.org
5. International Brigade Memorial Trust (em inglês):
www.international-brigades.org.uk

# CRONOLOGIA

**1936**

**JULHO**

17-18  Começa o levante militar no Norte da África, Marrocos, que se espalha para guarnições na Espanha continental.
18-20  O levante é derrotado em Madri e em Barcelona.
24-25  O gabinete francês chefiado pelo socialista Leon Blum retira sua oferta inicial de ajuda militar à República espanhola.
28  Hitler e Mussolini tomam decisões independentes de ajudar militarmente os rebeldes. Primeiros aviões chegam em Marrocos para transportar o Exército da África (sob comando de Franco) a Sevilha.

**AGOSTO**

O Exército da África começa sua marcha sangrenta em direção a Madri atravessando o Sul.
2  A França anuncia sua adesão a uma política de não intervenção.
14  Assassinatos em massa em Badajoz (Extremadura) após a tomada da cidade pelas tropas de Franco.
15  O governo britânico proíbe a exportação de armas para a Espanha.
18  Federico García Lorca é executado em Granada.
22  Ataque ao presídio-modelo de Madri, onde presos políticos são mortos.
24  O primeiro embaixador da União Soviética na Espanha chega a Madri.
27-28  Começa o bombardeio aéreo de Madri.

**SETEMBRO**

3  O Exército da África toma Talavera, o último povoado importante no progresso até Madri.
9  Primeira reunião do Comitê de Não Intervenção em Londres.
18  A executiva do Comintern aprova medidas de solidariedade em apoio à República espanhola, entre as quais o alistamento de voluntários internacionais para participarem dos combates.

| | |
|---|---|
| 24 | A CNT anarcossindicalista adere ao governo regional catalão. |
| 25 | Os militares rebeldes emitem um decreto que proíbe a atividade política e sindical. |
| 28 | As forças militares de Franco fazem um desvio de Toledo, no sudeste de Madri, para romper o cerco da cidade. |
| 29 | A União Soviética aceita enviar armas para a República Espanhola. |
| 30 | Plá y Deniel, bispo de Salamanca, edita uma carta pastoral (intitulada "As duas cidades") que defende os militares rebelados e na qual, pela primeira vez, usa-se a palavra "cruzada" para descrever a guerra civil. O governo republicano edita um decreto que assinala sua intenção de substituir milicianos por um exército popular submetido à disciplina militar. |

### Outubro

Começam a chegar os voluntários internacionais.

| | |
|---|---|
| 1 | O parlamento da República aprova a autonomia basca. |
| 7 | Forma-se o governo autônomo basco sob a liderança do PNV. |
| 11 | Amparo Barayon é executada extrajudicialmente em Zamora. |

### Novembro

| | |
|---|---|
| 6 | O governo republicano se transfere para Valência. |
| 7 | Começa a batalha por Madri. |
| 16 | Para ajudar Franco, Hitler envia a Legião Condor, uma força especial equipada com os últimos bombardeiros, aviões de combate e tanques alemães. |
| 18 | Alemanha e Itália reconhecem Franco. |

### Dezembro

| | |
|---|---|
| 6 | Mussolini aceita enviar uma força expedicionária, o Corpo di Truppe Volontarie (CTV), para ajudar Franco. |
| 29 | Pilar Espinoza é executada extrajudicialmente em Cadeleda (Ávila). |

## 1937

**JANEIRO**

Mussolini aumenta enormemente o suprimento de armas e soldados para Franco.

2      O governo britânico firma um "acordo de cavalheiros" com a Itália para manter o *status quo* no Mediterrâneo.

6      Os Estados Unidos estabelecem um embargo legal às exportações de armas para a Espanha.

**FEVEREIRO**

6-27    Batalha de Jarama na frente Sudeste de Madri.
Participa do combate, pela primeira vez, a Brigada Abraham Lincoln. As forças republicanas, com apoio dos tanques e aviões soviéticos, contêm a ofensiva rebelde que ameaçava cortar a estrada Madri-Valência.

7      Málaga é tomada pelos militares rebeldes, com ajuda italiana. Os refugiados que fogem para Almería sofrem fortes bombardeios.

**MARÇO**

8-18    Batalha de Guadalajara na frente nordeste de Madri.
As tropas de Mussolini sofrem a primeira derrota após lutarem contra outros italianos, os internacionais da Brigada Garibaldi. Madri continua a viver uma situação de impasse durante o restante da guerra.

30     O general Mola dá início à ofensiva franquista na frente norte (Viscaia) e a Legião Condor alemã bombardeia Durango.

**ABRIL**

19     Franco decreta a unificação entre a seção feminina da Falange e os carlistas no chamado "partido único", sob a liderança dele. Estabelecimento da patrulha marítima do Comitê de Não Intervenção, que teve curta duração.

26     A capital basca de Guernica é destruída pelo bombardeio de saturação da aviação alemã e italiana.

**MAIO**

3-7     Lutas de rua e protestos populares em Barcelona (as Jornadas de Maio).

17  O socialista Juan Negrín é nomeado primeiro-ministro de um novo governo republicano.
31  Alemanha e Itália abandonam a patrulha marítima do Comitê de Não Intervenção.

## Junho
3   Morte do general Mola em acidente aéreo.
16  Prisão de dirigentes do POUM em Barcelona.
19  Bilbau cai ante as tropas franquistas.
21  O gabinete Blum renuncia em Paris.
30  Portugal abandona a patrulha marítima do Comitê de Não Intervenção.

## Julho
1   Carta coletiva dos bispos espanhóis endossa o regime de Franco.
6-26  Batalha de Brunete na frente ocidental.

## Agosto
Cerimônias religiosas particulares são novamente permitidas na Espanha republicana. Franco coloca em prática o bloqueio naval dos portos mediterrâneos da República.
24  Ofensiva militar republicana na frente nordeste (Aragão). Começam os ataques de origem desconhecida aos navios neutros que se dirigem aos portos republicanos.
26  Tropas de Franco tomam Santander.

## Setembro
10  Reunião da Conferência de Nyon entre as principais potências europeias para analisar os ataques realizados por submarinos "desconhecidos" aos navios neutros no mar Mediterrâneo. A Itália, amplamente reconhecida como responsável por esses ataques, e a Alemanha não comparecem.

## Outubro
21  Queda do norte republicano (Gijón e Avilés).
29  O governo republicano se transfere de Valência para Barcelona.

**NOVEMBRO**
6             A Itália se une ao pacto teuto-japonês anticomintern.

**DEZEMBRO**
Incursões aéreas sobre Barcelona.
15            As forças republicanas iniciam a ofensiva de Teruel.
24            Franco inicia a contraofensiva na frente de Teruel.

## 1938

**JANEIRO**
7             As forças republicanas tomam a cidade de Teruel.

**FEVEREIRO**
22            As forças de Franco recuperam Teruel.

**MARÇO**
10            Franco lança nova ofensiva em Aragão com o intuito de alcançar a costa do Mediterrâneo e dividir a zona republicana em duas partes.
12            Franco revoga a lei republicana do casamento civil. Hitler ocupa a Áustria.
13            Blum forma um novo gabinete na França e Negrín voa a Paris para pedir a reabertura da fronteira francesa.
16-18         Barcelona sofre bombardeio durante 24 horas por aviões italianos baseados em Mallorca.
17            O governo francês abre a fronteira com a Espanha.

**ABRIL**
3             As forças de Franco tomam Lérida.
8             Cai o governo de Blum na França e é substituído por um gabinete mais conservador chefiado por Édouard Daladier.
15            As forças de Franco alcançam o Mediterrâneo em Vinaroz e dividem a República em duas partes.
16            Acordo anglo-italiano; círculos diplomáticos internacionais entendem-no como um sinal da aceitação implícita por parte da Grã-Bretanha de que as tropas italianas permaneceriam na Espanha até o fim da guerra civil.
21            Franco inicia ofensiva contra Valência.

## Maio

1 Negrín publica programa de treze pontos sobre os objetivos de guerra da República.
4 O Vaticano aceita relações diplomáticas plenas com a França.
11 República pede à Liga das Nações o fim da política de não intervenção, mas não é atendida.
23 O XIV Corpo do Exército Republicano (guerrilheiros) realiza um inovador ataque surpresa para libertar soldados presos na fortaleza de Carchuna, na costa de Motril, Granada.
24 Franco recebe formalmente o primeiro núncio papal.

## Junho

13 O governo francês fecha a fronteira com a Espanha.

## Julho

5 O Comitê de Não Intervenção aprova um plano para retirar da Espanha os voluntários internacionais.
25 O exército republicano lança a ofensiva de Ebro, a maior batalha da guerra, com o objetivo de aliviar a pressão militar de Franco sobre Valência, e também para mudar a opinião diplomática internacional.

## Agosto

17 Negrín militariza as fábricas de armas catalãs para impor o controle do governo central. Os ministros bascos e catalães abandonam seu gabinete em protesto.
18 Franco rejeita todas as iniciativas de paz.

## Setembro

29 Conferência de Munique reunindo Grã-Bretanha, França, Alemanha e Itália. França e Grã-Bretanha aceitam a anexação pela Alemanha de Hitler dos sudetas tchecos.

## Outubro

Prossegue a Batalha de Ebro.
4 A República retira os voluntários estrangeiros da linha de frente em conformidade com o plano do Comitê de Não Intervenção.

| | |
|---|---|
| 8 | Com o apoio tácito do Vaticano, Negrín instala uma comissão para supervisionar a reintrodução do culto público na Catalunha. |
| 24 | Começa o julgamento dos dirigentes do POUM. |
| 29 | Desfile de despedida das Brigadas Internacionais em Barcelona. |

**NOVEMBRO**

| | |
|---|---|
| 16 | Termina a Batalha de Ebro quando as forças republicanas recuam e atravessam o rio. Mais do que uma derrota militar, a Batalha de Ebro foi uma derrota política provocada pelos efeitos da Conferência de Munique. |
| 29 | Ataques aéreos sobre Barcelona e Valência. |

**DEZEMBRO**

| | |
|---|---|
| 19 | A Alemanha assume o controle de vários sítios de mineração da Espanha. |
| 23 | Franco dá início à ofensiva contra a Catalunha. |

## 1939

**JANEIRO**

| | |
|---|---|
| 23 | Negrín põe a zona republicana sob lei marcial. |
| 26 | As tropas de Franco tomam Barcelona. Fuga em massa de refugiados em direção à fronteira francesa. |

**FEVEREIRO**

| | |
|---|---|
| 1 | O parlamento republicano reúne-se pela última vez em solo espanhol no castelo de Figueres. |
| 9 | Franco edita a Lei de Responsabilidades Públicas, que redefine de modo retroativo a atividade política dos republicanos como crime. |
| 10 | Cai a Catalunha. Franco fecha a fronteira com a França. Negrín volta à zona Centro-Sul da República. |
| 27 | Grã-Bretanha e França reconhecem Franco. |

**MARÇO**

| | |
|---|---|
| 4-6 | Rebelião confusa na base naval republicana de Cartagena resulta na saída da frota, que fica retida pela França no Norte da África, à espera de ser entregue a Franco. Com isso a República perde a possibilidade de retirar milhares de refugiados, que temem por suas vidas. |

| | |
|---|---|
| 5 | O coronel Segismundo Casado, comandante do exército republicano do Centro, rebela-se contra Negrín por acreditar, erroneamente, que sua posição de oficial do exército qualifica-o a negociar com Franco uma "paz com garantias". |
| 6-13 | Lutas nas ruas de Madri entre forças favoráveis e contrárias a Casado. Em outros lugares da zona republicana do Centro-Sul, os militares se mantêm neutros. |
| 26-28 | As forças de Casado conquistam Madri, mas Franco nega-se a negociar. Casado não tem escolha e ordena a rendição do exército e da força aérea da República. |
| 27 | As tropas de Franco entram em Madri. Fuga em massa de setores da população; refugiados se reúnem nos portos do Mediterrâneo, especialmente no de Alicante, mas poucos conseguem fugir devido à falta de embarcações. Franco assina o pacto anticomintern. |

**ABRIL**

| | |
|---|---|
| 1 | Franco edita seu comunicado de guerra e anuncia o fim das hostilidades militares. Os Estados Unidos reconhecem o governo de Franco. |
| 6 | Franco torna pública a adesão da Espanha ao pacto anticomintern. |

# Glossário

**CEDA** (Confederação Espanhola de Direitas Autônomas): partido católico de massas, de âmbito nacional, fundado em 1933, muito dependente das redes associativas da Igreja.

**CNT** (Confederação Nacional do Trabalho): sindicato operário de orientação anarquista, fundado em 1910.

**Comintern**: III Internacional Comunista, estabelecida por Lênin em 1919 para ser uma organização de todos os partidos comunistas nacionais.

**Falange**: partido fascista espanhol, fundado em 1933 por José Antonio Primo de Rivera, cujo pai havia sido ditador militar da Espanha entre 1923 e 1930.

**PCE**: Partido Comunista Espanhol, fundado em 1895, filiado à Internacional Comunista (Comintern)

**PNV**: Partido Nacionalista Basco, fundado em 1895. Fortemente católico e conservador, mas contrário ao ultracentralismo da direita espanhola.

**POUM**: Partido comunista dissidente (isto é, não alinhado ao Comintern), formado em setembro de 1935. Era um partido majoritariamente catalão.

**PSOE**: Partido Socialista Operário Espanhol, fundado em 1879.

**Republicanos**: partidos, grupos de ideologia republicana, assim como indivíduos e grupos que apoiaram a República durante a guerra civil de 1936 a 1939.

**UGT** (União Geral de Trabalhadores): sindicato operário de orientação socialista, fundado em 1888, tradicionalmente mais forte em Madri e nas regiões industriais do Norte da Espanha, como a das minas de carvão de Astúrias e da indústria pesada de Viscaia (País Basco).

# ÍNDICE REMISSIVO

## A

Aalto, Bill  66, 117, 166, 171, 172
Acordo de Munique  127
agricultura  13, 36, 75
   contrarreforma da  43
   reforma da  18, 23, 44
Alemanha  11, 46, 49-51, 53-56, 64, 73, 95, 96, 100, 102, 103, 110, 116, 126, 127, 131, 140, 142-144, 168, 179, 181, 183, 184
alfabetização  69-71
Alfonso XIII  16
Alicante  130, 185
Allen, Jay  45, 170
Almodóvar, Pedro  159
Alonso, Celestino  141
American Medical Bureau  59
anarcossindicalistas  24
Andaluzia  26, 43
Aragão  36, 106, 108, 109, 111, 112, 117, 122, 124, 181, 182
armamentos, aquisição pela República  53, 64, 67, 94, 102, 103, 111, 122
assassinato, matança, extrajudicial  37, 38, 40-43, 78, 79, 150, 160
Associação para a Recuperação da Memória Histórica (ARMH)  159, 165
Astúrias  27, 28, 72, 109, 170, 186
Áustria (Anschluss)  55, 111, 182
Avilés  109, 181
auxílio social  15

## B

Badajoz  45, 178
Bancic, Olga  140
Barayón, Amparo  10, 40-42, 150, 161
Barbieri, Francisco  79
Barcelona  16, 26, 36, 63, 64, 75, 77-80, 85, 87, 112, 118, 122, 126, 144, 146, 148, 174, 178, 180-182, 184
Belchite  108, 138
Bélgica  85
Berlanga, Luís  74
Berneri, Camillo  79
Bilbao  87
Blitzkrieg  112, 127
bloqueio dos portos republicanos  118
Blum, Leon  51, 178, 181, 182
Boix, Francisco  144-146
bolchevismo cultural  73

bombardeios 37, 47, 71, 85-87, 127, 128, 137, 179, 180
Botwin, Naftali 56
Brigadas Internacionais 54, 55, 58, 60, 61, 94, 115, 139, 140, 157, 184
  brigadistas afro-americanos 58
  brigadistas judeus 56
Brunete, Batalha de 57, 66, 138, 181
Buchenwald 143

## C

Cabanellas, general Miguel 84
campos de concentração 57, 89, 134, 138, 143, 144, 147
Cantalupo, Roberto 88
Carchuna (Motril) 117, 183
carlistas 22, 35, 89, 180
Cartagena 104, 130, 170, 184
Casado, coronel Segismundo 185
Català, Neus 136
Catalunha 12, 14, 21, 33, 75, 77, 80, 112, 114, 118-120, 122, 123, 126, 128, 136, 149, 162, 164, 184
catolicismo 12, 14, 23, 82, 98, 100, 150
Causa General 150, 151, 159
Cercas, Javier 132, 139, 164, 171
checas 78
Churchill, Winston 96
comunistas 60, 75, 77, 78, 80, 118, 120-122, 186
Conferência de Nyon 181
constitucionalismo 24, 119, 120

## D

Daladier, Edouard 132, 182
Darwin, Charles 74
darwinismo social 74
De Gaulle, Charles 138
denúncias 100, 124, 151, 152
desemprego 25, 56, 77
Dia D, desembarque dos aliados na Normandia 168
diplomacia 9, 79-81, 98, 110, 111, 157
Divisão Azul 89, 142
divórcio, revogação 152
Durango 85, 180
Durruti, Buenaventura 63

## E

Ebro, Batalha de 112, 125, 126, 127, 138, 140, 183, 184
Eden, Anthony 96
educação 18, 23, 26, 70, 97, 150
Edwards, Thyra 59

Espinoza, Pilar 179
espionagem 79, 125, 142
Estados Unidos 45, 55, 57, 58, 66, 74, 117, 154, 161, 166, 180, 185
Etiópia 44
exército 35, 43, 44, 46, 47, 83, 107, 138, 139, 178, 183
   após a guerra civil 55
exército republicano e guerra de guerrilhas 61, 66, 85, 94, 106-110, 112, 116, 120, 124, 126, 183, 185
   zona franquista 9, 71, 92-94, 125
   zona republicana 9, 42, 71, 79, 89, 90, 92, 94, 106, 107, 119, 120, 124, 129, 184
expurgos 103, 149
Extremadura 43, 178

## F

Falange 20, 29, 39, 42, 73, 84, 88-90, 92, 97, 98, 100, 143, 154, 180, 186
   seção feminina da 154
fascismo 20, 31, 54, 55, 57, 97, 138, 157
federalismo 14
Figueres 184
fome 15, 116, 122, 123
França 18, 46, 49, 51-53, 79, 80, 95, 106, 108, 111, 112, 114-117, 122, 127, 131-137, 139, 142, 146, 178, 182-184
Partido Comunista Francês (PCF) 60
Revolução Francesa
Franco, general Francisco 9, 13, 20, 27, 43, 46, 52, 83, 89, 97, 98
Franco, Ramón 83
franquismo 9, 82, 98-101, 136, 146, 147, 152, 157, 161, 164, 167

## G

Galícia 34
Gandia 130
García, Antonio 144
García Lorca, Federico 41, 178
gênero 12, 31, 40, 59, 66, 67, 92, 165, 168
Gijón 109, 181
Goering, Hermann 131
Goff, Irv 66, 117, 166
Grã-Bretanha 46, 50, 51, 53, 80, 85, 95, 96, 111, 112, 114, 116, 127, 131, 171, 182-184
Grzywacz, Shloime 141
Guernica 85, 163, 180
guerra civil finlandesa 55, 66
Guerra Fria 74, 142

## H

Heartfield, John 71
historiografia 24, 29, 157, 158
Hitler, Adolf 11, 35, 50, 51, 61, 64, 83, 93, 94, 96, 111, 128, 131, 139, 142, 159, 178, 179, 182, 183
Hutchins, Evelyn 59

## I

Ibárruri, Dolores 137
identidades republicanas 62
Igreja Católica 15, 17, 23, 45, 89, 96-98, 100, 120, 153, 163
império 12, 13, 19, 74, 95, 131, 150
indústria 35, 36, 65, 75, 87, 93, 109, 118, 149, 186
Internacional Comunista (Comintern) 60, 62, 121, 186
Itália 11, 44, 46, 49-51, 53-55, 64, 94-96, 100, 102, 103, 111, 112, 116, 126, 128, 131, 179-183

## J

Japão 49, 100
Jarama, Batalha de 54, 58, 95, 164, 180
Jornadas de Maio (Barcelona 1937) 75, 77, 79, 80, 118, 181
juventude 88

## K

Kea, Salaria 59
Kerensky, Alexander 50
Komsomol 105

## L

Landa, Matilde 147
Law, Oliver 57
Leclerc, general Philippe 138, 140
Legião Condor 85, 179, 180
Lei de Responsabilidades Políticas 129, 151
Lei do casamento civil, revogação 152
lei marcial 184
Lênin, Vladimir Ilich 186
Lérida 112, 182
Liga das Nações 114, 183

## M

maçonaria 151
Madri 24, 27, 32, 35, 36, 43, 46, 47, 52, 54, 62-66, 68, 71, 72, 76, 85, 86, 95, 107, 109, 110, 129, 130, 133, 140, 142, 147, 163, 164, 178-180, 185, 186
Maes, Magdalena 150
Málaga 36, 64, 180
Mannerheim, Carl Gusrav Emil, barão de 55
maquis 134, 136
Marrocos 20, 32, 44, 46, 138, 170, 178
Mauthausen 143, 144, 175

McCarthy, Joseph 166
memória 9, 10, 32, 80, 140, 144, 155, 159, 161, 162, 164, 165, 167, 168, 171
México 104, 132
miliciana 68
Moa, Pio 164, 165
mobilização 8, 19, 22, 23, 27, 29, 33, 35, 49, 54, 66, 67, 69, 70, 92, 99, 108, 129, 137, 139, 144, 150, 165, 166
   rebelde/zona franquista 9, 71, 92-94, 125
   zona republicana 9, 42, 71, 79, 89, 90, 92, 94, 106, 107, 119, 120, 124, 129, 184
Modiano, Patrick 162
Mola, general Emilio 44, 46, 83, 87, 180, 181
monarquia 15, 17, 110
Morales, Diego 143
mulheres, *ver* Gênero
Mussolini, Benito 11, 35, 50, 51, 61, 64, 79, 83, 89, 93, 94, 131, 178-180

## N

Nacht und Nebel 143
Nações Unidas 160
não intervenção 49, 53, 60, 61, 66, 102-104, 106, 114, 122, 178, 180, 181, 183, 184
Narvik (Noruega) 137
nazismo 57, 97, 100
   nova ordem europeia 100

Negrín, Juan 75, 80, 81, 102, 110, 111, 114-122, 125, 128-131, 154, 181-185
Nelken, Margarida 137
Nin, Andreu 78
Nuremberg 144

## O

Orwell, George 75, 77
ouro, mobilização republicana do 35, 40, 103-105, 115
OVRA 79

## P

pacto anticomintern 100, 185
País Basco 20, 22, 34, 85, 97, 106, 149, 163, 186
Partido Nacionalista Basco (PNV) 65, 186
Partido Popular (PP) 162
Passionária, La, *ver* Ibárruri, Dolores
Plano Marshall 154
Plá y Deniel, bispo de Salamanca 179
Pointner, Anna 144
Polônia 55, 56, 104
população 7, 11, 14, 16, 17, 42-44, 47, 48, 62, 64, 70, 73-75, 77, 85, 87, 91, 93, 99, 106, 108, 112, 116-118, 122-124, 129, 133, 153, 154, 167, 185

Portugal 181
POUM 78, 80, 126, 181, 184, 186
Presos políticos 148
  crianças nas prisões 147
  reformatórios 97, 99, 146
Prieto, Indalecio 117, 121
Primeira Guerra Mundial 7, 8, 11, 15, 16, 55
Primeira República 19
Primo de Rivera, general Miguel 16
Primo de Rivera, José Antonio 20, 88, 186
propaganda 45, 70, 83, 86, 92, 93, 99, 136, 142, 164

## Q

Queipo de Llano, general Gonzalo 33

## R

racismo 45, 46, 97
Radnóti, Miklós 168, 169, 172
Ravensbrück 136, 143
refugiados 7, 31, 47, 59, 63, 64, 77, 106, 122, 123, 128, 130, 132-136, 138, 180, 184, 185
regeneracionismo 74
Renau, Josep 71
republicanos 17-24, 26, 29, 36, 37, 39, 40, 45-47, 58, 69, 73, 75, 82, 89, 90, 92, 94, 95, 99, 104-109, 111, 115, 117, 118, 124, 128-130, 132, 134-140, 142-144, 146, 148-152, 155, 163, 167, 181, 184
revolução 18, 28, 32, 36, 39, 50, 165, 166
Revolução Russa 11, 16
Rivas, Manuel 34
Rojo, general Vicente 107, 109
Rolfe, Edwin 58
Rol-Tanguy, Henri 140
Rosselli, Carlo 79
Rosselli, Nello 79

## S

Salamanca 84, 98, 163, 179
Sanjurjo, general José 119
Sebald, W.G. 171
Segunda Guerra Mundial 7, 9, 58, 59, 66, 74, 126, 130, 131, 142, 143, 168
Semprún, Jorge 143, 144, 146, 148
Sender, Ramón 10, 40
Serrano Suñer, Ramón 88, 143
Sevilha 13, 33, 178
Silva, Emilio 160
socialistas 18, 19, 20, 24, 26, 28, 29, 39, 60, 80, 118, 120, 121, 129
Spengler, Oswald 20, 139
stalags 134, 143
Stalingrado 137
Stalin, Josef 37, 52, 53, 60, 61, 103, 115, 116

## T

Talavera de la Reina 47
Taussig, Michael 165
Tchecoslováquia 128
Teruel 109-112, 117, 182
Toledo 46, 52, 84, 179
trabalho 14, 25, 64, 65, 69, 90, 133, 134, 136, 140, 145, 148-150, 152, 154, 157, 159, 161, 162, 164, 165, 168
transição para a democracia 157
Trotski, Leon 78

## U

última grande causa 58, 166, 167
Unamuno, Miguel de 82, 98
União Soviética 52, 53, 60, 73, 74, 79, 85, 95, 103-105, 115, 127, 129, 137, 178, 179

## V

Vale dos Caídos 149
Valência 14, 33, 37, 63, 64, 112, 114, 122, 126, 127, 130, 179-184
Vaticano 97, 98, 120, 183, 184
Vigo 34
Vinaroz 112, 182

## W

Wolf, Francisc 141
Woolsey, Gamel 36, 176

## Z

Zaragoza 13, 20

# LISTA DE MAPAS E ILUSTRAÇÕES

1. A divisão da Espanha, 22 de julho de 1936 / Copyright Cambridge University Press / 30
2. Soldados insurgentes entram em cidade do Sul / Arquivo Serrano, Hemeroteca Municipal de Sevilha, Espanha / 33
3. Amparo Barayón / Coleção particular, cortesia de Ramón Sender Barayón / 41
4. Oliver Law / Coleção particular, cortesia de Harry Fisher / 57
5. Janela de vitrine / Coleção Kati Horna, Ministério da Cultura, Arquivo Geral da Guerra Civil Espanhola, Espanha / 63
6. Mobilização da juventude espanhola / Coleção particular, cortesia de Antonina Rodrigo / 67
7. Miliciana / Instituto de España, Londres / 68
8. Trabalhadora republicana em fábrica de guerra / Ministério da Cultura, Arquivo Geral da Administração, Espanha / 69
9. Classe de alfabetização / Biblioteca Nacional, Madri / 69
10. Cartaz republicano, educação sanitária / Ministério da Cultura, Arquivo Geral da Guerra Civil Espanhola, Espanha / 70
11. Trem pintado com propaganda republicana / Fotografia de Antoni Campana (cortesia da família Campana) / 71
12. Poesia mural / Cortesia de Cary Nelson / 72
13. Moda de Moscou / Ministério da Cultura, Arquivo Geral da Guerra Civil Espanhola, Espanha / 76

14. Kultur! / Ministério da Cultura, Arquivo Geral da Guerra Civil Espanhola, Espanha / 86

15. Mulheres da Assistência Social / Biblioteca Nacional, Madri / 91

16. Mulheres saudando a bandeira na zona franquista / Ministério da Cultura, Arquivo Geral da Administração, Madri / 91

17. Divisão do território espanhol, julho de 1938 / Aurelia Sanz / 113

18. Menino vendedor de rua na zona republicana / Coleção Kati Horna / 123

19. Desfile da Vitória / Actualidad Española / 133

20. Campo de refugiados republicanos em uma praia francesa / Fotografia de Robert Capa, copyright Magnum Photos / 135

21. Cartaz vermelho / Bibliotèque de Documentation Internationale Contemporaine (BDIC) et Musée d'Histoire Contemporaine, Paris / 141

22. Francisco Boix / Cortesia de Benito Bermejo / 145

23. Presos políticos / Agência EFE, Madri / 148

NOTA: A editora e a autora pedem desculpas por erros ou omissões que porventura existam na lista acima e se dispõem a corrigi-los na primeira oportunidade, caso sejam comunicados.

# Coleção L&PM POCKET

1. **Catálogo geral da Coleção**
2. **Poesias** – Fernando Pessoa
3. **O livro dos sonetos** – org. Sergio Faraco
4. **Hamlet** – Shakespeare / trad. Millôr
5. **Isadora, frag. autobiográficos** – Isadora Duncan
6. **Histórias sicilianas** – G. Lampedusa
7. **O relato de Arthur Gordon Pym** – Edgar A. Poe
8. **A mulher mais linda da cidade** – Bukowski
9. **O fim de Montezuma** – Hernan Cortez
10. **A ninfomania** – D. T. Bienville
11. **As aventuras de Robinson Crusoé** – D. Defoe
12. **Histórias de amor** – A. Bioy Casares
13. **Armadilha mortal** – Roberto Arlt
14. **Contos de fantasmas** – Daniel Defoe
15. **Os pintores cubistas** – G. Apollinaire
16. **A morte de Ivan Ilitch** – L.Tolstói
17. **A desobediência civil** – D. H. Thoreau
18. **Liberdade, liberdade** – F. Rangel e M. Fernandes
19. **Cem sonetos de amor** – Pablo Neruda
20. **Mulheres** – Eduardo Galeano
21. **Cartas a Théo** – Van Gogh
22. **Don Juan** – Molière / Trad. Millôr Fernandes
24. **Horla** – Guy de Maupassant
25. **O caso de Charles Dexter Ward** – Lovecraft
26. **Vathek** – William Beckford
27. **Hai-Kais** – Millôr Fernandes
28. **Adeus, minha adorada** – Raymond Chandler
29. **Cartas portuguesas** – Mariana Alcoforado
30. **A mensageira das violetas** – Florbela Espanca
31. **Espumas flutuantes** – Castro Alves
32. **Dom Casmurro** – Machado de Assis
34. **Alves & Cia.** – Eça de Queiroz
35. **Uma temporada no inferno** – A. Rimbaud
36. **A corresp. de Fradique Mendes** – Eça de Queiroz
38. **Antologia poética** – Olavo Bilac
39. **O rei Lear** – Shakespeare
40. **Memórias póstumas de Brás Cubas** – Machado de Assis
41. **Que loucura!** – Woody Allen
42. **O duelo** – Casanova
44. **Gentidades** – Darcy Ribeiro
45. **Memórias de um Sargento de Milícias** – Manuel Antônio de Almeida
46. **Os escravos** – Castro Alves
47. **O desejo pego pelo rabo** – Pablo Picasso
48. **Os inimigos** – Máximo Gorki
49. **O colar de veludo** – Alexandre Dumas
50. **Livro dos bichos** – Vários
51. **Quincas Borba** – Machado de Assis
53. **O exército de um homem só** – Moacyr Scliar
54. **Frankenstein** – Mary Shelley
55. **Dom Segundo Sombra** – Ricardo Güiraldes
56. **De vagões e vagabundos** – Jack London
57. **O homem bicentenário** – Isaac Asimov
58. **A viuvinha** – José de Alencar
59. **Livro das cortesãs** – org. de Sergio Faraco
60. **Últimos poemas** – Pablo Neruda
61. **A moreninha** – Joaquim Manuel de Macedo
62. **Cinco minutos** – José de Alencar
63. **Saber envelhecer e a amizade** – Cícero
64. **Enquanto a noite não chega** – J. Guimarães
65. **Tufão** – Joseph Conrad
66. **Aurélia** – Gérard de Nerval
67. **I-Juca-Pirama** – Gonçalves Dias
68. **Fábulas** – Esopo
69. **Teresa Filósofa** – Anônimo do Séc. XVIII
70. **Avent. inéditas de Sherlock Holmes** – Arthur Conan Doyle
71. **Quintana de bolso** – Mario Quintana
72. **Antes e depois** – Paul Gauguin
73. **A morte de Olivier Bécaille** – Émile Zola
74. **Iracema** – José de Alencar
75. **Iaiá Garcia** – Machado de Assis
76. **Utopia** – Tomás Morus
77. **Sonetos para amar o amor** – Camões
78. **Carmem** – Prosper Mérimée
79. **Senhora** – José de Alencar
80. **Hagar, o horrível 1** – Dik Browne
81. **O coração das trevas** – Joseph Conrad
82. **Um estudo em vermelho** – Arthur Conan Doyle
83. **Todos os sonetos** – Augusto dos Anjos
84. **A propriedade é um roubo** – P.-J. Proudhon
85. **Drácula** – Bram Stoker
86. **O marido complacente** – Sade
87. **De profundis** – Oscar Wilde
88. **Sem plumas** – Woody Allen
89. **Os bruzundangas** – Lima Barreto
90. **O cão dos Baskervilles** – Arthur Conan Doyle
91. **Paraísos artificiais** – Charles Baudelaire
92. **Cândido, ou o otimismo** – Voltaire
93. **Triste fim de Policarpo Quaresma** – Lima Barreto
94. **Amor de perdição** – Camilo Castelo Branco
95. **A megera domada** – Shakespeare / trad. Millôr
96. **O mulato** – Aluísio Azevedo
97. **O alienista** – Machado de Assis
98. **O livro dos sonhos** – Jack Kerouac
99. **Noite na taverna** – Álvares de Azevedo
100. **Aura** – Carlos Fuentes
102. **Contos gauchescos e Lendas do sul** – Simões Lopes Neto
103. **O cortiço** – Aluísio Azevedo
104. **Marília de Dirceu** – T. A. Gonzaga
105. **O Primo Basílio** – Eça de Queiroz
106. **O ateneu** – Raul Pompéia
107. **Um escândalo na Boêmia** – Arthur Conan Doyle
108. **Contos** – Machado de Assis
109. **200 Sonetos** – Luis Vaz de Camões
110. **O príncipe** – Maquiavel
111. **A escrava Isaura** – Bernardo Guimarães
112. **O solteirão nobre** – Conan Doyle
114. **Shakespeare de A a Z** – Shakespeare
115. **A relíquia** – Eça de Queiroz
117. **Livro do corpo** – Vários
118. **Lira dos 20 anos** – Álvares de Azevedo
119. **Esaú e Jacó** – Machado de Assis
120. **A barcarola** – Pablo Neruda
121. **Os conquistadores** – Júlio Verne
122. **Contos breves** – G. Apollinaire

123. **Taipi** – Herman Melville
124. **Livro dos desaforos** – org. de Sergio Faraco
125. **A mão e a luva** – Machado de Assis
126. **Doutor Miragem** – Moacyr Scliar
127. **O penitente** – Isaac B. Singer
128. **Diários da descoberta da América** – Cristóvão Colombo
129. **Édipo Rei** – Sófocles
130. **Romeu e Julieta** – Shakespeare
131. **Hollywood** – Bukowski
132. **Billy the Kid** – Pat Garrett
133. **Cuca fundida** – Woody Allen
134. **O jogador** – Dostoiévski
135. **O livro da selva** – Rudyard Kipling
136. **O vale do terror** – Arthur Conan Doyle
137. **Dançar tango em Porto Alegre** – S. Faraco
138. **O gaúcho** – Carlos Reverbel
139. **A volta ao mundo em oitenta dias** – J. Verne
140. **O livro dos esnobes** – W. M. Thackeray
141. **Amor & morte em Poodle Springs** – Raymond Chandler & R. Parker
142. **As aventuras de David Balfour** – Stevenson
143. **Alice no país das maravilhas** – Lewis Carroll
144. **A ressurreição** – Machado de Assis
145. **Inimigos, uma história de amor** – I. Singer
146. **O Guarani** – José de Alencar
147. **A cidade e as serras** – Eça de Queiroz
148. **Eu e outras poesias** – Augusto dos Anjos
149. **A mulher de trinta anos** – Balzac
150. **Pomba enamorada** – Lygia F. Telles
151. **Contos fluminenses** – Machado de Assis
152. **Antes de Adão** – Jack London
153. **Intervalo amoroso** – A.Romano de Sant'Anna
154. **Memorial de Aires** – Machado de Assis
155. **Naufrágios e comentários** – Cabeza de Vaca
156. **Ubirajara** – José de Alencar
157. **Textos anarquistas** – Bakunin
159. **Amor de salvação** – Camilo Castelo Branco
160. **O gaúcho** – José de Alencar
161. **O livro das maravilhas** – Marco Polo
162. **Inocência** – Visconde de Taunay
163. **Helena** – Machado de Assis
164. **Uma estação de amor** – Horácio Quiroga
165. **Poesia reunida** – Martha Medeiros
166. **Memórias de Sherlock Holmes** – Conan Doyle
167. **A vida de Mozart** – Stendhal
168. **O primeiro terço** – Neal Cassady
169. **O mandarim** – Eça de Queiroz
170. **Um espinho de marfim** – Marina Colasanti
171. **A ilustre Casa de Ramires** – Eça de Queiroz
172. **Lucíola** – José de Alencar
173. **Antígona** – Sófocles – trad. Donaldo Schüler
174. **Otelo** – William Shakespeare
175. **Antologia** – Gregório de Matos
176. **A liberdade de imprensa** – Karl Marx
177. **Casa de pensão** – Aluísio Azevedo
178. **São Manuel Bueno, Mártir** – Unamuno
179. **Primaveras** – Casimiro de Abreu
180. **O noviço** – Martins Pena
181. **O sertanejo** – José de Alencar
182. **Eurico, o presbítero** – Alexandre Herculano
183. **O signo dos quatro** – Conan Doyle
184. **Sete anos no Tibet** – Heinrich Harrer
185. **Vagamundo** – Eduardo Galeano
186. **De repente acidentes** – Carl Solomon
187. **As minas de Salomão** – Rider Haggar
188. **Uivo** – Allen Ginsberg
189. **A ciclista solitária** – Conan Doyle
190. **Os seis bustos de Napoleão** – Conan Doyle
191. **Cortejo do divino** – Nelida Piñon
194. **Os crimes do amor** – Marquês de Sade
195. **Besame Mucho** – Mário Prata
196. **Tuareg** – Alberto Vázquez-Figueroa
197. **O longo adeus** – Raymond Chandler
199. **Notas de um velho safado** – Bukowski
200. **111 ais** – Dalton Trevisan
201. **O nariz** – Nicolai Gogol
202. **O capote** – Nicolai Gogol
203. **Macbeth** – William Shakespeare
204. **Heráclito** – Donaldo Schüler
205. **Você deve desistir, Osvaldo** – Cyro Martins
206. **Memórias de Garibaldi** – A. Dumas
207. **A arte da guerra** – Sun Tzu
208. **Fragmentos** – Caio Fernando Abreu
209. **Festa no castelo** – Moacyr Scliar
210. **O grande deflorador** – Dalton Trevisan
212. **Homem do princípio ao fim** – Millôr Fernandes
213. **Aline e seus dois namorados (1)** – A. Iturrusgarai
214. **A juba do leão** – Sir Arthur Conan Doyle
215. **Assassino metido a esperto** – R. Chandler
216. **Confissões de um comedor de ópio** – Thomas De Quincey
217. **Os sofrimentos do jovem Werther** – Goethe
218. **Fedra** – Racine / Trad. Millôr Fernandes
219. **O vampiro de Sussex** – Conan Doyle
220. **Sonho de uma noite de verão** – Shakespeare
221. **Dias e noites de amor e de guerra** – Galeano
222. **O Profeta** – Khalil Gibran
223. **Flávia, cabeça, tronco e membros** – M. Fernandes
224. **Guia da ópera** – Jeanne Suhamy
225. **Macário** – Álvares de Azevedo
226. **Etiqueta na prática** – Celia Ribeiro
227. **Manifesto do partido comunista** – Marx & Engels
228. **Poemas** – Millôr Fernandes
229. **Um inimigo do povo** – Henrik Ibsen
230. **O paraíso destruído** – Frei B. de las Casas
231. **O gato no escuro** – Josué Guimarães
232. **O mágico de Oz** – L. Frank Baum
233. **Armas no Cyrano's** – Raymond Chandler
234. **Max e os felinos** – Moacyr Scliar
235. **Nos céus de Paris** – Alcy Cheuiche
236. **Os bandoleiros** – Schiller
237. **A primeira coisa que eu botei na boca** – Deonísio da Silva
238. **As aventuras de Simbad, o marújo**
239. **O retrato de Dorian Gray** – Oscar Wilde
240. **A carteira de meu tio** – J. Manuel de Macedo
241. **A luneta mágica** – J. Manuel de Macedo
242. **A metamorfose** – Kafka
243. **A flecha de ouro** – Joseph Conrad
244. **A ilha do tesouro** – R. L. Stevenson
245. **Marx - Vida & Obra** – José A. Giannotti
246. **Gênesis**
247. **Unidos para sempre** – Ruth Rendell
248. **A arte de amar** – Ovídio

249. **O sono eterno** – Raymond Chandler
250. **Novas receitas do Anonymus Gourmet** – J.A.P.M.
251. **A nova catacumba** – Arthur Conan Doyle
252. **Dr. Negro** – Arthur Conan Doyle
253. **Os voluntários** – Moacyr Scliar
254. **A bela adormecida** – Irmãos Grimm
255. **O príncipe sapo** – Irmãos Grimm
256. **Confissões** *e* **Memórias** – H. Heine
257. **Viva o Alegrete** – Sergio Faraco
258. **Vou estar esperando** – R. Chandler
259. **A senhora Beate e seu filho** – Schnitzler
260. **O ovo apunhalado** – Caio Fernando Abreu
261. **O ciclo das águas** – Moacyr Scliar
262. **Millôr Definitivo** – Millôr Fernandes
264. **Viagem ao centro da Terra** – Júlio Verne
265. **A dama do lago** – Raymond Chandler
266. **Caninos brancos** – Jack London
267. **O médico e o monstro** – R. L. Stevenson
268. **A tempestade** – William Shakespeare
269. **Assassinatos na rua Morgue** – E. Allan Poe
270. **99 corruíras nanicas** – Dalton Trevisan
271. **Broquéis** – Cruz e Sousa
272. **Mês de cães danados** – Moacyr Scliar
273. **Anarquistas – vol. 1 – A idéia** – G.Woodcock
274. **Anarquistas – vol. 2 – O movimento** – G.Woodcock
275. **Pai e filho, filho e pai** – Moacyr Scliar
276. **As aventuras de Tom Sawyer** – Mark Twain
277. **Muito barulho por nada** – W. Shakespeare
278. **Elogio da loucura** – Erasmo
279. **Autobiografia de Alice B. Toklas** – G. Stein
280. **O chamado da floresta** – J. London
281. **Uma agulha para o diabo** – Ruth Rendell
282. **Verdes vales do fim do mundo** – A. Bivar
283. **Ovelhas negras** – Caio Fernando Abreu
284. **O fantasma de Canterville** – O. Wilde
285. **Receitas de Yayá Ribeiro** – Celia Ribeiro
286. **A galinha degolada** – H. Quiroga
287. **O último adeus de Sherlock Holmes** – A. Conan Doyle
288. **A. Gourmet** *em* **Histórias de cama & mesa** – J. A. Pinheiro Machado
289. **Topless** – Martha Medeiros
290. **Mais receitas do Anonymus Gourmet** – J. A. Pinheiro Machado
291. **Origens do discurso democrático** – D. Schüler
292. **Humor politicamente incorreto** – Nani
293. **O teatro do bem e do mal** – E. Galeano
294. **Garibaldi & Manoela** – J. Guimarães
295. **10 dias que abalaram o mundo** – John Reed
296. **Numa fria** – Bukowski
297. **Poesia de Florbela Espanca** vol. 1
298. **Poesia de Florbela Espanca** vol. 2
299. **Escreva certo** – E. Oliveira e M. E. Bernd
300. **O vermelho e o negro** – Stendhal
301. **Ecce homo** – Friedrich Nietzsche
302. (7). **Comer bem, sem culpa** – Dr. Fernando Lucchese, A. Gourmet e Iotti
303. **O livro de Cesário Verde** – Cesário Verde
304. **100 receitas de macarrão** – S. Lancellotti
305. **160 receitas de molhos** – S. Lancellotti
306. **100 receitas light** – H. e Â. Tonetto
307. **100 receitas de sobremesas** – Celia Ribeiro
308. **Mais de 100 dicas de churrasco** – Leon Dziekaniak
309. **100 receitas de acompanhamentos** – C. Cabeda
310. **Honra ou vendetta** – S. Lancellotti
311. **A alma do homem sob o socialismo** – Oscar Wilde
312. **Tudo sobre Yôga** – Mestre De Rose
313. **Os varões assinalados** – Tabajara Ruas
314. **Édipo em Colono** – Sófocles
315. **Lisístrata** – Aristófanes / trad. Millôr
316. **Sonhos de Bunker Hill** – John Fante
317. **Os deuses de Raquel** – Moacyr Scliar
318. **O colosso de Marússia** – Henry Miller
319. **As eruditas** – Molière / trad. Millôr
320. **Radicci 1** – Iotti
321. **Os Sete contra Tebas** – Ésquilo
322. **Brasil Terra à vista** – Eduardo Bueno
323. **Radicci 2** – Iotti
324. **Júlio César** – William Shakespeare
325. **A carta de Pero Vaz de Caminha**
326. **Cozinha Clássica** – Sílvio Lancellotti
327. **Madame Bovary** – Gustave Flaubert
328. **Dicionário do viajante insólito** – M. Scliar
329. **O capitão saiu para o almoço...** – Bukowski
330. **A carta roubada** – Edgar Allan Poe
331. **É tarde para saber** – Josué Guimarães
332. **O livro de bolso da Astrologia** – Maggy Harrisonx e Mellina Li
333. **1933 foi um ano ruim** – John Fante
334. **100 receitas de arroz** – Aninha Comas
335. **Guia prático do Português correto – vol. 1** – Cláudio Moreno
336. **Bartleby, o escriturário** – H. Melville
337. **Enterrem meu coração na curva do rio** – Dee Brown
338. **Um conto de Natal** – Charles Dickens
339. **Cozinha sem segredos** – J. A. P. Machado
340. **A dama das Camélias** – A. Dumas Filho
341. **Alimentação saudável** – H. e Â. Tonetto
342. **Continhos galantes** – Dalton Trevisan
343. **A Divina Comédia** – Dante Alighieri
344. **A Dupla Sertanojo** – Santiago
345. **Cavalos do amanhecer** – Mario Arregui
346. **Biografia de Vincent van Gogh por sua cunhada** – Jo van Gogh-Bonger
347. **Radicci 3** – Iotti
348. **Nada de novo no front** – E. M. Remarque
349. **A hora dos assassinos** – Henry Miller
350. **Flush – Memórias de um cão** – Virginia Woolf
351. **A guerra no Bom Fim** – M. Scliar
352. (1). **O caso Saint-Fiacre** – Simenon
353. (2). **Morte na alta sociedade** – Simenon
354. (3). **O cão amarelo** – Simenon
355. (4). **Maigret e o homem do banco** – Simenon
356. **As uvas e o vento** – Pablo Neruda
357. **On the road** – Jack Kerouac
358. **O coração amarelo** – Pablo Neruda
359. **Livro das perguntas** – Pablo Neruda
360. **Noite de Reis** – William Shakespeare
361. **Manual de Ecologia (vol.1)** – J. Lutzenberger
362. **O mais longo dos dias** – Cornelius Ryan
363. **Foi bom prá você?** – Nani
364. **Crepusculário** – Pablo Neruda

366. A comédia dos erros – Shakespeare
367(5). A primeira investigação de Maigret – Simenon
368(6). As férias de Maigret – Simenon
369. Mate-me por favor (vol.1) – L. McNeil
370. Mate-me por favor (vol.2) – L. McNeil
371. Carta ao pai – Kafka
372. Os vagabundos iluminados – J. Kerouac
373(7). O enforcado – Simenon
374(8). A fúria de Maigret – Simenon
375. Vargas, uma biografia política – H. Silva
376. Poesia reunida (vol.1) – A. R. de Sant'Anna
377. Poesia reunida (vol.2) – A. R. de Sant'Anna
378. Alice no país do espelho – Lewis Carroll
379. Residência na Terra 1 – Pablo Neruda
380. Residência na Terra 2 – Pablo Neruda
381. Terceira Residência – Pablo Neruda
382. O delírio amoroso – Bocage
383. Futebol ao sol e à sombra – E. Galeano
384(9). O porto das brumas – Simenon
385(10). Maigret e seu morto – Simenon
386. Radicci 4 – Iotti
387. Boas maneiras & sucesso nos negócios – Celia Ribeiro
388. Uma história Farroupilha – M. Scliar
389. Na mesa ninguém envelhece – J. A. Pinheiro Machado
390. 200 receitas inéditas do Anonymus Gourmet – J. A. Pinheiro Machado
391. Guia prático do Português correto – vol.2 – Cláudio Moreno
392. Breviário das terras do Brasil – Assis Brasil
393. Cantos Cerimoniais – Pablo Neruda
394. Jardim de Inverno – Pablo Neruda
395. Antonio e Cleópatra – William Shakespeare
396. Tróia – Cláudio Moreno
397. Meu tio matou um cara – Jorge Furtado
398. O anatomista – Federico Andahazi
399. As viagens de Gulliver – Jonathan Swift
400. Dom Quixote – (v. 1) – Miguel de Cervantes
401. Dom Quixote – (v. 2) – Miguel de Cervantes
402. Sozinho no Pólo Norte – Thomaz Brandolin
403. Matadouro 5 – Kurt Vonnegut
404. Delta de Vênus – Anaïs Nin
405. O melhor de Hagar 2 – Dik Browne
406. É grave Doutor? – Nani
407. Orai pornô – Nani
408(11). Maigret em Nova York – Simenon
409(12). O assassino sem rosto – Simenon
410(13). O mistério das jóias roubadas – Simenon
411. A irmãzinha – Raymond Chandler
412. Três contos – Gustave Flaubert
413. De ratos e homens – John Steinbeck
414. Lazarilho de Tormes – Anônimo do séc. XVI
415. Triângulo das águas – Caio Fernando Abreu
416. 100 receitas de carnes – Sílvio Lancellotti
417. Histórias de robôs: vol. 1 – org. Isaac Asimov
418. Histórias de robôs: vol. 2 – org. Isaac Asimov
419. Histórias de robôs: vol. 3 – org. Isaac Asimov
420. O país dos centauros – Tabajara Ruas
421. A república de Anita – Tabajara Ruas
422. A carga dos lanceiros – Tabajara Ruas
423. Um amigo de Kafka – Isaac Singer
424. As alegres matronas de Windsor – Shakespeare
425. Amor e exílio – Isaac Bashevis Singer
426. Use & abuse do seu signo – Marília Fiorillo e Marylou Simonsen
427. Pigmaleão – Bernard Shaw
428. As fenícias – Eurípides
429. Everest – Thomaz Brandolin
430. A arte de furtar – Anônimo do séc. XVI
431. Billy Bud – Herman Melville
432. A rosa separada – Pablo Neruda
433. Elegia – Pablo Neruda
434. A garota de Cassidy – David Goodis
435. Como fazer a guerra: máximas de Napoleão – Balzac
436. Poemas escolhidos – Emily Dickinson
437. Gracias por el fuego – Mario Benedetti
438. O sofá – Crébillon Fils
439. O "Martín Fierro" – Jorge Luis Borges
440. Trabalhos de amor perdidos – W. Shakespeare
441. O melhor de Hagar 3 – Dik Browne
442. Os Maias (volume1) – Eça de Queiroz
443. Os Maias (volume2) – Eça de Queiroz
444. Anti-Justine – Restif de La Bretonne
445. Juventude – Joseph Conrad
446. Contos – Eça de Queiroz
447. Janela para a morte – Raymond Chandler
448. Um amor de Swann – Marcel Proust
449. À paz perpétua – Immanuel Kant
450. A conquista do México – Hernan Cortez
451. Defeitos escolhidos e 2000 – Pablo Neruda
452. O casamento do céu e do inferno – William Blake
453. A primeira viagem ao redor do mundo – Antonio Pigafetta
454(14). Uma sombra na janela – Simenon
455(15). A noite da encruzilhada – Simenon
456(16). A velha senhora – Simenon
457. Sartre – Annie Cohen-Solal
458. Discurso do método – René Descartes
459. Garfield em grande forma (1) – Jim Davis
460. Garfield está de dieta (2) – Jim Davis
461. O livro das feras – Patricia Highsmith
462. Viajante solitário – Jack Kerouac
463. Auto da barca do inferno – Gil Vicente
464. O livro vermelho dos pensamentos de Millôr – Millôr Fernandes
465. O livro dos abraços – Eduardo Galeano
466. Voltaremos! – José Antonio Pinheiro Machado
467. Rango – Edgar Vasques
468(8). Dieta mediterrânea – Dr. Fernando Lucchese e José Antonio Pinheiro Machado
469. Radicci 5 – Iotti
470. Pequenos pássaros – Anaïs Nin
471. Guia prático do Português correto – vol.3 – Cláudio Moreno
472. Atire no pianista – David Goodis
473. Antologia Poética – García Lorca
474. Alexandre e César – Plutarco
475. Uma espiã na casa do amor – Anaïs Nin
476. A gorda do Tiki Bar – Dalton Trevisan
477. Garfield um gato de peso (3) – Jim Davis
478. Canibais – David Coimbra
479. A arte de escrever – Arthur Schopenhauer

480. **Pinóquio** – Carlo Collodi
481. **Misto-quente** – Bukowski
482. **A lua na sarjeta** – David Goodis
483. **O melhor do Recruta Zero (1)** – Mort Walker
484. **Aline: TPM – tensão pré-monstrual (2)** – Adão Iturrusgarai
485. **Sermões do Padre Antonio Vieira**
486. **Garfield numa boa (4)** – Jim Davis
487. **Mensagem** – Fernando Pessoa
488. **Vendeta** *seguido de* **A paz conjugal** – Balzac
489. **Poemas de Alberto Caeiro** – Fernando Pessoa
490. **Ferragus** – Honoré de Balzac
491. **A duquesa de Langeais** – Honoré de Balzac
492. **A menina dos olhos de ouro** – Honoré de Balzac
493. **O lírio do vale** – Honoré de Balzac
494(17). **A barcaça da morte** – Simenon
495(18). **As testemunhas rebeldes** – Simenon
496(19). **Um engano de Maigret** – Simenon
497(1). **A noite das bruxas** – Agatha Christie
498(2). **Um passe de mágica** – Agatha Christie
499(3). **Nêmesis** – Agatha Christie
500. **Esboço para uma teoria das emoções** – Sartre
501. **Renda básica de cidadania** – Eduardo Suplicy
502(1). **Pílulas para viver melhor** – Dr. Lucchese
503(2). **Pílulas para prolongar a juventude** – Dr. Lucchese
504(3). **Desembarcando o diabetes** – Dr. Lucchese
505(4). **Desembarcando o sedentarismo** – Dr. Fernando Lucchese e Cláudio Castro
506(5). **Desembarcando a hipertensão** – Dr. Lucchese
507(6). **Desembarcando o colesterol** – Dr. Fernando Lucchese e Fernanda Lucchese
508. **Estudos de mulher** – Balzac
509. **O terceiro tira** – Flann O'Brien
510. **100 receitas de aves e ovos** – J. A. P. Machado
511. **Garfield em toneladas de diversão (5)** – Jim Davis
512. **Trem-bala** – Martha Medeiros
513. **Os cães ladram** – Truman Capote
514. **O Kama Sutra de Vatsyayana**
515. **O crime do Padre Amaro** – Eça de Queiroz
516. **Odes de Ricardo Reis** – Fernando Pessoa
517. **O inverno da nossa desesperança** – Steinbeck
518. **Piratas do Tietê (1)** – Laerte
519. **Rê Bordosa: do começo ao fim** – Angeli
520. **O Harlem é escuro** – Chester Himes
521. **Café-da-manhã dos campeões** – Kurt Vonnegut
522. **Eugénie Grandet** – Balzac
523. **O último magnata** – F. Scott Fitzgerald
524. **Carol** – Patricia Highsmith
525. **100 receitas de patisseria** – Sílvio Lancellotti
526. **O fator humano** – Graham Greene
527. **Tristessa** – Jack Kerouac
528. **O diamante do tamanho do Ritz** – F. Scott Fitzgerald
529. **As melhores histórias de Sherlock Holmes** – Arthur Conan Doyle
530. **Cartas a um jovem poeta** – Rilke
531(20). **Memórias de Maigret** – Simenon
532(4). **O misterioso sr. Quin** – Agatha Christie
533. **Os analectos** – Confúcio
534(21). **Maigret e os homens de bem** – Simenon
535(22). **O medo de Maigret** – Simenon
536. **Ascensão e queda de César Birotteau** – Balzac
537. **Sexta-feira negra** – David Goodis
538. **Ora bolas – O humor de Mario Quintana** – Juarez Fonseca
539. **Longe daqui mesmo** – Antonio Bivar
540(5). **É fácil matar** – Agatha Christie
541. **O pai Goriot** – Balzac
542. **Brasil, um país do futuro** – Stefan Zweig
543. **O processo** – Kafka
544. **O melhor de Hagar 4** – Dik Browne
545(6). **Por que não pediram a Evans?** – Agatha Christie
546. **Fanny Hill** – John Cleland
547. **O gato por dentro** – William S. Burroughs
548. **Sobre a brevidade da vida** – Sêneca
549. **Geraldão (1)** – Glauco
550. **Piratas do Tietê (2)** – Laerte
551. **Pagando o pato** – Ciça
552. **Garfield de bom humor (6)** – Jim Davis
553. **Conhece o Mário?** vol.1 – Santiago
554. **Radicci 6** – Iotti
555. **Os subterrâneos** – Jack Kerouac
556(1). **Balzac** – François Taillandier
557(2). **Modigliani** – Christian Parisot
558(3). **Kafka** – Gérard-Georges Lemaire
559(4). **Júlio César** – Joël Schmidt
560. **Receitas da família** – J. A. Pinheiro Machado
561. **Boas maneiras à mesa** – Celia Ribeiro
562(9). **Filhos sadios, pais felizes** – R. Pagnoncelli
563(10). **Fatos & mitos** – Dr. Fernando Lucchese
564. **Ménage à trois** – Paula Taitelbaum
565. **Mulheres!** – David Coimbra
566. **Poemas de Álvaro de Campos** – Fernando Pessoa
567. **Medo e outras histórias** – Stefan Zweig
568. **Snoopy e sua turma (1)** – Schulz
569. **Piadas para sempre (1)** – Visconde da Casa Verde
570. **O alvo móvel** – Ross Macdonald
571. **O melhor do Recruta Zero (2)** – Mort Walker
572. **Um sonho americano** – Norman Mailer
573. **Os broncos também amam** – Angeli
574. **Crônica de um amor louco** – Bukowski
575(5). **Freud** – René Major e Chantal Talagrand
576(6). **Picasso** – Gilles Plazy
577(7). **Gandhi** – Christine Jordis
578. **A tumba** – H. P. Lovecraft
579. **O príncipe e o mendigo** – Mark Twain
580. **Garfield, um charme de gato (7)** – Jim Davis
581. **Ilusões perdidas** – Balzac
582. **Esplendores e misérias das cortesãs** – Balzac
583. **Walter Ego** – Angeli
584. **Striptiras (1)** – Laerte
585. **Fagundes: um puxa-saco de mão cheia** – Laerte
586. **Depois do último trem** – Josué Guimarães
587. **Ricardo III** – Shakespeare
588. **Dona Anja** – Josué Guimarães
589. **24 horas na vida de uma mulher** – Stefan Zweig
590. **O terceiro homem** – Graham Greene
591. **Mulher no escuro** – Dashiell Hammett

592. **No que acredito** – Bertrand Russell
593. **Odisséia (1): Telemaquia** – Homero
594. **O cavalo cego** – Josué Guimarães
595. **Henrique V** – Shakespeare
596. **Fabulário geral do delírio cotidiano** – Bukowski
597. **Tiros na noite 1: A mulher do bandido** – Dashiell Hammett
598. **Snoopy em Feliz Dia dos Namorados! (2)** – Schulz
599. **Mas não se matam cavalos?** – Horace McCoy
600. **Crime e castigo** – Dostoiévski
601(7). **Mistério no Caribe** – Agatha Christie
602. **Odisséia (2): Regresso** – Homero
603. **Piadas para sempre (2)** – Visconde da Casa Verde
604. **À sombra do vulcão** – Malcolm Lowry
605(8). **Kerouac** – Yves Buin
606. **E agora são cinzas** – Angeli
607. **As mil e uma noites** – Paulo Caruso
608. **Um assassino entre nós** – Ruth Rendell
609. **Crack-up** – F. Scott Fitzgerald
610. **Do amor** – Stendhal
611. **Cartas do Yage** – William Burroughs e Allen Ginsberg
612. **Striptiras (2)** – Laerte
613. **Henry & June** – Anaïs Nin
614. **A piscina mortal** – Ross Macdonald
615. **Geraldão (2)** – Glauco
616. **Tempo de delicadeza** – A. R. de Sant'Anna
617. **Tiros na noite 2: Medo de tiro** – Dashiell Hammett
618. **Snoopy em Assim é a vida, Charlie Brown! (3)** – Schulz
619. **1954 – Um tiro no coração** – Hélio Silva
620. **Sobre a inspiração poética (Íon)** e ... – Platão
621. **Garfield e seus amigos (8)** – Jim Davis
622. **Odisséia (3): Ítaca** – Homero
623. **A louca matança** – Chester Himes
624. **Factótum** – Bukowski
625. **Guerra e Paz: volume 1** – Tolstói
626. **Guerra e Paz: volume 2** – Tolstói
627. **Guerra e Paz: volume 3** – Tolstói
628. **Guerra e Paz: volume 4** – Tolstói
629(9). **Shakespeare** – Claude Mourthé
630. **Bem está o que bem acaba** – Shakespeare
631. **O contrato social** – Rousseau
632. **Geração Beat** – Jack Kerouac
633. **Snoopy: É Natal! (4)** – Charles Schulz
634(8). **Testemunha da acusação** – Agatha Christie
635. **Um elefante no caos** – Millôr Fernandes
636. **Guia de leitura (100 autores que você precisa ler)** – Organização de Léa Masina
637. **Pistoleiros também mandam flores** – David Coimbra
638. **O prazer das palavras – vol. 1** – Cláudio Moreno
639. **O prazer das palavras – vol. 2** – Cláudio Moreno
640. **Novíssimo testamento: com Deus e o diabo, a dupla da criação** – Iotti
641. **Literatura Brasileira: modos de usar** – Luís Augusto Fischer
642. **Dicionário de Porto-Alegrês** – Luís A. Fischer
643. **Clô Dias & Noites** – Sérgio Jockymann
644. **Memorial de Isla Negra** – Pablo Neruda
645. **Um homem extraordinário e outras histórias** – Tchékhov
646. **Ana sem terra** – Alcy Cheuiche
647. **Adultérios** – Woody Allen
648. **Para sempre ou nunca mais** – R. Chandler
649. **Nosso homem em Havana** – Graham Greene
650. **Dicionário Caldas Aulete de Bolso**
651. **Snoopy: Posso fazer uma pergunta, professora? (5)** – Charles Schulz
652(10). **Luís XVI** – Bernard Vincent
653. **O mercador de Veneza** – Shakespeare
654. **Cancioneiro** – Fernando Pessoa
655. **Non-Stop** – Martha Medeiros
656. **Carpinteiros, levantem bem alto a cumeeira & Seymour, uma apresentação** – J.D.Salinger
657. **Ensaios céticos** – Bertrand Russell
658. **O melhor de Hagar 5** – Dik e Chris Browne
659. **Primeiro amor** – Ivan Turguêniev
660. **A trégua** – Mario Benedetti
661. **Um parque de diversões da cabeça** – Lawrence Ferlinghetti
662. **Aprendendo a viver** – Sêneca
663. **Garfield, um gato em apuros (9)** – Jim Davis
664. **Dilbert 1** – Scott Adams
665. **Dicionário de dificuldades** – Domingos Paschoal Cegalla
666. **A imaginação** – Jean-Paul Sartre
667. **O ladrão e os cães** – Naguib Mahfuz
668. **Gramática do português contemporâneo** – Celso Cunha
669. **A volta do parafuso** seguido de **Daisy Miller** – Henry James
670. **Notas do subsolo** – Dostoiévski
671. **Abobrinhas da Brasilônia** – Glauco
672. **Geraldão (3)** – Glauco
673. **Piadas para sempre (3)** – Visconde da Casa Verde
674. **Duas viagens ao Brasil** – Hans Staden
675. **Bandeira de bolso** – Manuel Bandeira
676. **A arte da guerra** – Maquiavel
677. **Além do bem e do mal** – Nietzsche
678. **O coronel Chabert** seguido de **A mulher abandonada** – Balzac
679. **O sorriso de marfim** – Ross Macdonald
680. **100 receitas de pescados** – Sílvio Lancellotti
681. **O juiz e seu carrasco** – Friedrich Dürrenmatt
682. **Noites brancas** – Dostoiévski
683. **Quadras ao gosto popular** – Fernando Pessoa
684. **Romanceiro da Inconfidência** – Cecília Meireles
685. **Kaos** – Millôr Fernandes
686. **A pele de onagro** – Balzac
687. **As ligações perigosas** – Choderlos de Laclos
688. **Dicionário de matemática** – Luiz Fernandes Cardoso
689. **Os Lusíadas** – Luís Vaz de Camões
690(11). **Átila** – Éric Deschodt
691. **Um jeito tranqüilo de matar** – Chester Himes
692. **A felicidade conjugal** seguido de **O diabo** – Tolstói
693. **Viagem de um naturalista ao redor do mundo** – vol. 1 – Charles Darwin

694. **Viagem de um naturalista ao redor do mundo** – vol. 2 – Charles Darwin
695. **Memórias da casa dos mortos** – Dostoiévski
696. **A Celestina** – Fernando de Rojas
697. **Snoopy: Como você é azarado, Charlie Brown! (6)** – Charles Schulz
698. **Dez (quase) amores** – Claudia Tajes
699(9). **Poirot sempre espera** – Agatha Christie
700. **Cecília de bolso** – Cecília Meireles
701. **Apologia de Sócrates** *precedido de* **Êutifron e** *seguido de* **Críton** – Platão
702. **Wood & Stock** – Angeli
703. **Striptiras (3)** – Laerte
704. **Discurso sobre a origem e os fundamentos da desigualdade entre os homens** – Rousseau
705. **Os duelistas** – Joseph Conrad
706. **Dilbert (2)** – Scott Adams
707. **Viver e escrever** (vol. 1) – Edla van Steen
708. **Viver e escrever** (vol. 2) – Edla van Steen
709. **Viver e escrever** (vol. 3) – Edla van Steen
710(10). **A teia da aranha** – Agatha Christie
711. **O banquete** – Platão
712. **Os belos e malditos** – F. Scott Fitzgerald
713. **Libelo contra a arte moderna** – Salvador Dalí
714. **Akropolis** – Valerio Massimo Manfredi
715. **Devoradores de mortos** – Michael Crichton
716. **Sob o sol da Toscana** – Frances Mayes
717. **Batom na cueca** – Nani
718. **Vida dura** – Claudia Tajes
719. **Carne trêmula** – Ruth Rendell
720. **Cris, a fera** – David Coimbra
721. **O anticristo** – Nietzsche
722. **Como um romance** – Daniel Pennac
723. **Emboscada no Forte Bragg** – Tom Wolfe
724. **Assédio sexual** – Michael Crichton
725. **O espírito do Zen** – Alan W.Watts
726. **Um bonde chamado desejo** – Tennessee Williams
727. **Como gostais** *seguido de* **Conto de inverno** – Shakespeare
728. **Tratado sobre a tolerância** – Voltaire
729. **Snoopy: Doces ou travessuras? (7)** – Charles Schulz
730. **Cardápios do Anonymus Gourmet** – J.A. Pinheiro Machado
731. **100 receitas com lata** – J.A. Pinheiro Machado
732. **Conhece o Mário?** vol.2 – Santiago
733. **Dilbert (3)** – Scott Adams
734. **História de um louco amor** *seguido de* **Passado amor** – Horacio Quiroga
735(12). **Sexo: muito prazer** – Laura Meyer da Silva
736(12). **Para entender o adolescente** – Dr. Ronald Pagnoncelli
737(13). **Desembarcando a tristeza** – Dr. Fernando Lucchese
738. **Poirot e o mistério da arca espanhola & outras histórias** – Agatha Christie
739. **A última legião** – Valerio Massimo Manfredi
740. **As virgens suicidas** – Jeffrey Eugenides
741. **Sol nascente** – Michael Crichton
742. **Duzentos ladrões** – Dalton Trevisan
743. **Os devaneios do caminhante solitário** – Rousseau
744. **Garfield, o rei da preguiça (10)** – Jim Davis
745. **Os magnatas** – Charles R. Morris
746. **Pulp** – Charles Bukowski
747. **Enquanto agonizo** – William Faulkner
748. **Aline: viciada em sexo (3)** – Adão Iturrusgarai
749. **A dama do cachorrinho** – Anton Tchékhov
750. **Tito Andrônico** – Shakespeare
751. **Antologia poética** – Anna Akhmátova
752. **O melhor de Hagar 6** – Dik e Chris Browne
753(12). **Michelangelo** – Nadine Sautel
754. **Dilbert (4)** – Scott Adams
755. **O jardim das cerejeiras** *seguido de* **Tio Vânia** – Tchékhov
756. **Geração Beat** – Claudio Willer
757. **Santos Dumont** – Alcy Cheuiche
758. **Budismo** – Claude B. Levenson
759. **Cleópatra** – Christian-Georges Schwentzel
760. **Revolução Francesa** – Frédéric Bluche, Stéphane Rials e Jean Tulard
761. **A crise de 1929** – Bernard Gazier
762. **Sigmund Freud** – Edson Sousa e Paulo Endo
763. **Império Romano** – Patrick Le Roux
764. **Cruzadas** – Cécile Morrisson
765. **O mistério do Trem Azul** – Agatha Christie
766. **Os escrúpulos de Maigret** – Simenon
767. **Maigret se diverte** – Simenon
768. **Senso comum** – Thomas Paine
769. **O parque dos dinossauros** – Michael Crichton
770. **Trilogia da paixão** – Goethe
771. **A simples arte de matar** (vol.1) – R. Chandler
772. **A simples arte de matar** (vol.2) – R. Chandler
773. **Snoopy: No mundo da lua! (8)** – Charles Schulz
774. **Os Quatro Grandes** – Agatha Christie
775. **Um brinde de cianureto** – Agatha Christie
776. **Súplicas atendidas** – Truman Capote
777. **Ainda restam aveleiras** – Simenon
778. **Maigret e o ladrão preguiçoso** – Simenon
779. **A viúva imortal** – Millôr Fernandes
780. **Cabala** – Roland Goetschel
781. **Capitalismo** – Claude Jessua
782. **Mitologia grega** – Pierre Grimal
783. **Economia: 100 palavras-chave** – Jean-Paul Betbèze
784. **Marxismo** – Henri Lefebvre
785. **Punição para a inocência** – Agatha Christie
786. **A extravagância do morto** – Agatha Christie
787(13). **Cézanne** – Bernard Fauconnier
788. **A identidade Bourne** – Robert Ludlum
789. **Da tranquilidade da alma** – Sêneca
790. **Um artista da fome** *seguido de* **Na colônia penal e outras histórias** – Kafka
791. **Histórias de fantasmas** – Charles Dickens
792. **A louca de Maigret** – Simenon
793. **O amigo de infância de Maigret** – Simenon
794. **O revólver de Maigret** – Simenon
795. **A fuga do sr. Monde** – Simenon
796. **O Uraguai** – Basílio da Gama
797. **A mão misteriosa** – Agatha Christie
798. **Testemunha ocular do crime** – Agatha Christie
799. **Crepúsculo dos ídolos** – Friedrich Nietzsche
800. **Maigret e o negociante de vinhos** – Simenon
801. **Maigret e o mendigo** – Simenon
802. **O grande golpe** – Dashiell Hammett
803. **Humor barra pesada** – Nani

804. **Vinho** – Jean-François Gautier
805. **Egito Antigo** – Sophie Desplancques
806. (14).**Baudelaire** – Jean-Baptiste Baronian
807. **Caminho da sabedoria, caminho da paz** – Dalai Lama e Felizitas von Schönborn
808. **Senhor e servo e outras histórias** – Tolstói
809. **Os cadernos de Malte Laurids Brigge** – Rilke
810. **Dilbert (5)** – Scott Adams
811. **Big Sur** – Jack Kerouac
812. **Seguindo a correnteza** – Agatha Christie
813. **O álibi** – Sandra Brown
814. **Montanha-russa** – Martha Medeiros
815. **Coisas da vida** – Martha Medeiros
816. **A cantada infalível** seguido de **A mulher do centroavante** – David Coimbra
817. **Maigret e os crimes do cais** – Simenon
818. **Sinal vermelho** – Simenon
819. **Snoopy: Pausa para a soneca (9)** – Charles Schulz
820. **De pernas pro ar** – Eduardo Galeano
821. **Tragédias gregas** – Pascal Thiercy
822. **Existencialismo** – Jacques Colette
823. **Nietzsche** – Jean Granier
824. **Amar ou depender?** – Walter Riso
825. **Darmapada: A doutrina budista em versos**
826. **J'Accuse...! – a verdade em marcha** – Zola
827. **Os crimes ABC** – Agatha Christie
828. **Um gato entre os pombos** – Agatha Christie
829. **Maigret e o sumiço do sr. Charles** – Simenon
830. **Maigret e a morte do jogador** – Simenon
831. **Dicionário de teatro** – Luiz Paulo Vasconcellos
832. **Cartas extraviadas** – Martha Medeiros
833. **A longa viagem de prazer** – J. J. Morosoli
834. **Receitas fáceis** – J. A. Pinheiro Machado
835. (14).**Mais fatos & mitos** – Dr. Fernando Lucchese
836. (15).**Boa viagem!** – Dr. Fernando Lucchese
837. **Aline: Finalmente nua!!! (4)** – Adão Iturrusgarai
838. **Mônica tem uma novidade!** – Mauricio de Sousa
839. **Cebolinha em apuros!** – Mauricio de Sousa
840. **Sócios no crime** – Agatha Christie
841. **Bocas do tempo** – Eduardo Galeano
842. **Orgulho e preconceito** – Jane Austen
843. **Impressionismo** – Dominique Lobstein
844. **Escrita chinesa** – Viviane Alleton
845. **Paris: uma história** – Yvan Combeau
846 (15).**Van Gogh** – David Haziot
847. **Maigret e o corpo sem cabeça** – Simenon
848. **Portal do destino** – Agatha Christie
849. **O futuro de uma ilusão** – Freud
850. **O mal-estar na cultura** – Freud
851. **Maigret e o matador** – Simenon
852. **Maigret e o fantasma** – Simenon
853. **Um crime adormecido** – Agatha Christie
854. **Satori em Paris** – Jack Kerouac
855. **Medo e delírio em Las Vegas** – Hunter Thompson
856. **Um negócio fracassado e outros contos de humor** – Tchékhov
857. **Mônica está de férias!** – Mauricio de Sousa
858. **De quem é esse coelho?** – Mauricio de Sousa
859. **O burgomestre de Furnes** – Simenon
860. **O mistério Sittaford** – Agatha Christie
861. **Manhã transfigurada** – L. A. de Assis Brasil
862. **Alexandre, o Grande** – Pierre Briant

863. **Jesus** – Charles Perrot
864. **Islã** – Paul Balta
865. **Guerra da Secessão** – Farid Ameur
866. **Um rio que vem da Grécia** – Cláudio Moreno
867. **Maigret e os colegas americanos** – Simenon
868. **Assassinato na casa do pastor** – Agatha Christie
869. **Manual do líder** – Napoleão Bonaparte
870. (16).**Billie Holiday** – Sylvia Fol
871. **Bidu arrasando!** – Mauricio de Sousa
872. **Desventuras em família** – Mauricio de Sousa
873. **Liberty Bar** – Simenon
874. **E no final a morte** – Agatha Christie
875. **Guia prático do Português correto – vol. 4** – Cláudio Moreno
876. **Dilbert (6)** – Scott Adams
877. (17).**Leonardo da Vinci** – Sophie Chauveau
878. **Bella Toscana** – Frances Mayes
879. **A arte da ficção** – David Lodge
880. **Striptiras (4)** – Laerte
881. **Skrotinhos** – Angeli
882. **Depois do funeral** – Agatha Christie
883. **Radicci 7** – Iotti
884. **Walden** – H. D. Thoreau
885. **Lincoln** – Allen C. Guelzo
886. **Primeira Guerra Mundial** – Michael Howard
887. **A linha de sombra** – Joseph Conrad
888. **O amor é um cão dos diabos** – Bukowski
889. **Maigret sai em viagem** – Simenon
890. **Despertar: uma vida de Buda** – Jack Kerouac
891. (18).**Albert Einstein** – Laurent Seksik
892. **Hell's Angels** – Hunter Thompson
893. **Ausência na primavera** – Agatha Christie
894. **Dilbert (7)** – Scott Adams
895. **Ao sul de lugar nenhum** – Bukowski
896. **Maquiavel** – Quentin Skinner
897. **Sócrates** – C.C.W. Taylor
898. **A casa do canal** – Simenon
899. **O Natal de Poirot** – Agatha Christie
900. **As veias abertas da América Latina** – Eduardo Galeano
901. **Snoopy: Sempre alerta! (10)** – Charles Schulz
902. **Chico Bento: Plantando confusão** – Mauricio de Sousa
903. **Penadinho: Quem é morto sempre aparece** – Mauricio de Sousa
904. **A vida sexual da mulher feia** – Claudia Tajes
905. **100 segredos de liquidificador** – José Antonio Pinheiro Machado
906. **Sexo muito prazer 2** – Laura Meyer da Silva
907. **Os nascimentos** – Eduardo Galeano
908. **As caras e as máscaras** – Eduardo Galeano
909. **O século do vento** – Eduardo Galeano
910. **Poirot perde uma cliente** – Agatha Christie
911. **Cérebro** – Michael O'Shea
912. **O escaravelho de ouro e outras histórias** – Edgar Allan Poe
913. **Piadas para sempre (4)** – Visconde da Casa Verde
914. **100 receitas de massas light** – Helena Tonetto
915. (19).**Oscar Wilde** – Daniel Salvatore Schiffer
916. **Uma breve história do mundo** – H. G. Wells
917. **A Casa do Penhasco** – Agatha Christie
918. **Maigret e o finado sr. Gallet** – Simenon

919. **John M. Keynes** – Bernard Gazier
920(20). **Virginia Woolf** – Alexandra Lemasson
921. **Peter e Wendy** *seguido de* **Peter Pan em Kensington Gardens** – J. M. Barrie
922. **Aline: numas de colegial (5)** – Adão Iturrusgarai
923. **Uma dose mortal** – Agatha Christie
924. **Os trabalhos de Hércules** – Agatha Christie
925. **Maigret na escola** – Simenon
926. **Kant** – Roger Scruton
927. **A inocência do Padre Brown** – G.K. Chesterton
928. **Casa Velha** – Machado de Assis
929. **Marcas de nascença** – Nancy Huston
930. **Aulete de bolso**
931. **Hora Zero** – Agatha Christie
932. **Morte na Mesopotâmia** – Agatha Christie
933. **Um crime na Holanda** – Simenon
934. **Nem te conto, João** – Dalton Trevisan
935. **As aventuras de Huckleberry Finn** – Mark Twain
936(21). **Marilyn Monroe** – Anne Plantagenet
937. **China moderna** – Rana Mitter
938. **Dinossauros** – David Norman
939. **Louca por homem** – Claudia Tajes
940. **Amores de alto risco** – Walter Riso
941. **Jogo de damas** – David Coimbra
942. **Filha é filha** – Agatha Christie
943. **M ou N?** – Agatha Christie
944. **Maigret se defende** – Simenon
945. **Bidu: diversão em dobro!** – Mauricio de Sousa
946. **Fogo** – Anaïs Nin
947. **Rum: diário de um jornalista bêbado** – Hunter Thompson
948. **Persuasão** – Jane Austen
949. **Lágrimas na chuva** – Sergio Faraco
950. **Mulheres** – Bukowski
951. **Um pressentimento funesto** – Agatha Christie
952. **Cartas na mesa** – Agatha Christie
953. **Maigret em Vichy** – Simenon
954. **O lobo do mar** – Jack London
955. **Os gatos** – Patricia Highsmith
956(22). **Jesus** – Christiane Rancé
957. **História da medicina** – William Bynum
958. **O Morro dos Ventos Uivantes** – Emily Brontë
959. **A filosofia na era trágica dos gregos** – Nietzsche
960. **Os treze problemas** – Agatha Christie
961. **A massagista japonesa** – Moacyr Scliar
962. **A taberna dos dois tostões** – Simenon
963. **Humor do miserê** – Nani
964. **Todo o mundo tem dúvida, inclusive você** – Édison de Oliveira
965. **A dama do Bar Nevada** – Sergio Faraco
966. **O Smurf Repórter** – Peyo
967. **O Bebê Smurf** – Peyo
968. **Maigret e os flamengos** – Simenon
969. **O psicopata americano** – Bret Easton Ellis
970. **Ensaios de amor** – Alain de Botton
971. **O grande Gatsby** – F. Scott Fitzgerald
972. **Por que não sou cristão** – Bertrand Russell
973. **A Casa Torta** – Agatha Christie
974. **Encontro com a morte** – Agatha Christie
975(23). **Rimbaud** – Jean-Baptiste Baronian
976. **Cartas na rua** – Bukowski
977. **Memória** – Jonathan K. Foster
978. **A abadia de Northanger** – Jane Austen
979. **As pernas de Úrsula** – Claudia Tajes
980. **Retrato inacabado** – Agatha Christie
981. **Solanin (1)** – Inio Asano
982. **Solanin (2)** – Inio Asano
983. **Aventuras de menino** – Mitsuru Adachi
984(16). **Fatos & mitos sobre sua alimentação** – Dr. Fernando Lucchese
985. **Teoria quântica** – John Polkinghorne
986. **O eterno marido** – Fiódor Dostoiévski
987. **Um safado em Dublin** – J. P. Donleavy
988. **Mirinha** – Dalton Trevisan
989. **Akhenaton e Nefertiti** – Carmen Seganfredo e A. S. Franchini
990. **On the Road – o manuscrito original** – Jack Kerouac
991. **Relatividade** – Russell Stannard
992. **Abaixo de zero** – Bret Easton Ellis
993(24). **Andy Warhol** – Mériam Korichi
994. **Maigret** – Simenon
995. **Os últimos casos de Miss Marple** – Agatha Christie
996. **Nico Demo** – Mauricio de Sousa
997. **Maigret e a mulher do ladrão** – Simenon
998. **Rousseau** – Robert Wokler
999. **Noite sem fim** – Agatha Christie
1000. **Diários de Andy Warhol (1)** – Editado por Pat Hackett
1001. **Diários de Andy Warhol (2)** – Editado por Pat Hackett
1002. **Cartier-Bresson: o olhar do século** – Pierre Assouline
1003. **As melhores histórias da mitologia: vol. 1** – A.S. Franchini e Carmen Seganfredo
1004. **As melhores histórias da mitologia: vol. 2** – A.S. Franchini e Carmen Seganfredo
1005. **Assassinato no beco** – Agatha Christie
1006. **Convite para um homicídio** – Agatha Christie
1007. **Um fracasso de Maigret** – Simenon
1008. **História da vida** – Michael J. Benton
1009. **Jung** – Anthony Stevens
1010. **Arsène Lupin, ladrão de casaca** – Maurice Leblanc
1011. **Dublinenses** – James Joyce
1012. **120 tirinhas da Turma da Mônica** – Mauricio de Sousa
1013. **Antologia poética** – Fernando Pessoa
1014. **A aventura de um cliente ilustre** *seguido de* **O último adeus de Sherlock Holmes** – Sir Arthur Conan Doyle
1015. **Cenas de Nova York** – Jack Kerouac
1016. **A corista** – Anton Tchékhov
1017. **O diabo** – Leon Tolstói
1018. **Fábulas chinesas** – Sérgio Capparelli e Márcia Schmaltz
1019. **O gato do Brasil** – Sir Arthur Conan Doyle
1020. **Missa do Galo** – Machado de Assis
1021. **O mistério de Marie Rogêt** – Edgar Allan Poe
1022. **A mulher mais linda da cidade** – Bukowski
1023. **O retrato** – Nicolai Gogol
1024. **O conflito** – Agatha Christie
1025. **Os primeiros casos de Poirot** – Agatha Christie
1026. **Maigret e o cliente de sábado** – Simenon

1027(25).**Beethoven** – Bernard Fauconnier
1028.**Platão** – Julia Annas
1029.**Cleo e Daniel** – Roberto Freire
1030.**Til** – José de Alencar
1031.**Viagens na minha terra** – Almeida Garrett
1032.**Profissões para mulheres e outros artigos feministas** – Virginia Woolf
1033.**Mrs. Dalloway** – Virginia Woolf
1034.**O cão da morte** – Agatha Christie
1035.**Tragédia em três atos** – Agatha Christie
1036.**Maigret hesita** – Simenon
1037.**O fantasma da Ópera** – Gaston Leroux
1038.**Evolução** – Brian e Deborah Charlesworth
1039.**Medida por medida** – Shakespeare
1040.**Razão e sentimento** – Jane Austen
1041.**A obra-prima ignorada** *seguido de* **Um episódio durante o Terror** – Balzac
1042.**A fugitiva** – Anaïs Nin
1043.**As grandes histórias da mitologia greco-romana** – A. S. Franchini
1044.**O corno de si mesmo & outras historietas** – Marquês de Sade
1045.**Da felicidade** *seguido de* **Da vida retirada** – Sêneca
1046.**O horror em Red Hook e outras histórias** – H. P. Lovecraft
1047.**Noite em claro** – Martha Medeiros
1048.**Poemas clássicos chineses** – Li Bai, Du Fu e Wang Wei
1049.**A terceira moça** – Agatha Christie
1050.**Um destino ignorado** – Agatha Christie
1051(26).**Buda** – Sophie Royer
1052.**Guerra Fria** – Robert J. McMahon
1053.**Simons's Cat: as aventuras de um gato travesso e comilão – vol. 1** – Simon Tofield
1054.**Simons's Cat: as aventuras de um gato travesso e comilão – vol. 2** – Simon Tofield
1055.**Só as mulheres e as baratas sobreviverão** – Claudia Tajes
1056.**Maigret e o ministro** – Simenon
1057.**Pré-história** – Chris Gosden
1058.**Pintou sujeira!** – Mauricio de Sousa
1059.**Contos de Mamãe Gansa** – Charles Perrault
1060.**A interpretação dos sonhos: vol. 1** – Freud
1061.**A interpretação dos sonhos: vol. 2** – Freud
1062.**Frufru Rataplã Dolores** – Dalton Trevisan
1063.**As melhores histórias da mitologia egípcia** – Carmem Seganfredo e A.S. Franchini
1064.**Infância. Adolescência. Juventude** – Tolstói
1065.**As consolações da filosofia** – Alain de Botton
1066.**Diários de Jack Kerouac – 1947-1954**
1067.**Revolução Francesa – vol. 1** – Max Gallo
1068.**Revolução Francesa – vol. 2** – Max Gallo
1069.**O detetive Parker Pyne** – Agatha Christie
1070.**Memórias do esquecimento** – Flávio Tavares
1071.**Drogas** – Leslie Iversen
1072.**Manual de ecologia (vol.2)** – J. Lutzenberger
1073.**Como andar no labirinto** – Affonso Romano de Sant'Anna
1074.**A orquídea e o serial killer** – Juremir Machado da Silva
1075.**Amor nos tempos de fúria** – Lawrence Ferlinghetti
1076.**A aventura do pudim de Natal** – Agatha Christie
1077.**Maigret no Picratt's** – Simenon
1078.**Amores que matam** – Patricia Faur
1079.**Histórias de pescador** – Mauricio de Sousa
1080.**Pedaços de um caderno manchado de vinho** – Bukowski
1081.**A ferro e fogo: tempo de solidão (vol.1)** – Josué Guimarães
1082.**A ferro e fogo: tempo de guerra (vol.2)** – Josué Guimarães
1083.**Carta a meu juiz** – Simenon
1084(17).**Desembarcando o Alzheimer** – Dr. Fernando Lucchese e Dra. Ana Hartmann
1085.**A maldição do espelho** – Agatha Christie
1086.**Uma breve história da filosofia** – Nigel Warburton
1087.**Uma confidência de Maigret** – Simenon
1088.**Heróis da História** – Will Durant
1089.**Concerto campestre** – L. A. de Assis Brasil
1090.**Morte nas nuvens** – Agatha Christie
1091.**Maigret no tribunal** – Simenon
1092.**Aventura em Bagdá** – Agatha Christie
1093.**O cavalo amarelo** – Agatha Christie
1094.**O método de interpretação dos sonhos** – Freud
1095.**Sonetos de amor e desamor** – Vários
1096.**120 tirinhas do Dilbert** – Scott Adams
1097.**124 fábulas de Esopo**
1098.**O curioso caso de Benjamin Button** – F. Scott Fitzgerald
1099.**Piadas para sempre: uma antologia para morrer de rir** – Visconde da Casa Verde
1100.**Hamlet (Mangá)** – Shakespeare
1101.**A arte da guerra (Mangá)** – Sun Tzu
1102.**Maigret na pensão** – Simenon
1103.**Meu amigo Maigret** – Simenon
1104.**As melhores histórias da Bíblia (vol.1)** – A. S. Franchini e Carmen Seganfredo
1105.**As melhores histórias da Bíblia (vol.2)** – A. S. Franchini e Carmen Seganfredo
1106.**Psicologia das massas e análise do eu** – Freud
1107.**Guerra Civil Espanhola** – Helen Graham
1108.**A autoestrada do sul e outras histórias** – Julio Cortázar
1109.**O mistério dos sete relógios** – Agatha Christie
1110.**Peanuts: Ninguém gosta de mim... (amor)** – Charles Schulz
1111.**Cadê o bolo?** – Mauricio de Sousa
1112.**O filósofo ignorante** – Voltaire
1113.**Totem e tabu** – Freud
1114.**Filosofia pré-socrática** – Catherine Osborne
1115.**Desejo de status** – Alain de Botton
1116.**Maigret e o informante** – Simenon
1117.**Peanuts: 120 tirinhas** – Charles Schulz

Livros de Agatha Christie publicados pela **L&PM** EDITORES:

*Assassinato no Expresso Oriente* seguido de *Morte no Nilo* (quadrinhos)
*Morte na Mesopotâmia* seguido de *O caso dos dez negrinhos* (quadrinhos)

## Coleção **L&PM** POCKET

*Assassinato na casa do pastor*
*Assassinato no beco*
*A aventura do pudim de Natal*
*Aventura em Bagdá*
*Um brinde de cianureto*
*O cão da morte*
*Cartas na mesa*
*A Casa do Penhasco*
*A Casa Torta*
*O Cavalo Amarelo*
*Convite para um homicídio*
*Um crime adormecido*
*Os crimes ABC*
*Depois do funeral*
*Um destino ignorado*
*O detetive Parker Pyne*
*Uma dose mortal*
*É fácil matar*
*E no final a morte*
*Encontro com a morte*
*A extravagância do morto*
*Um gato entre os pombos*
*Hora Zero*
*M ou N?*
*A maldição do espelho*
*A mão misteriosa*
*O mistério dos sete relógios*
*Mistério no Caribe*
*O mistério do Trem Azul*
*O mistério Sittaford*
*O misterioso sr. Quin*
*Morte na Mesopotâmia*
*Morte nas nuvens*
*O Natal de Poirot*
*Nêmesis*
*A noite das bruxas*
*Noite sem fim*
*Passageiro para Frankfurt*
*Um passe de mágica*
*Poirot e o mistério da arca espanhola e outras histórias*
*Poirot perde uma cliente*
*Poirot sempre espera e outras histórias*
*Por que não pediram a Evans?*
*Portal do destino*
*Um pressentimento funesto*
*Os primeiros casos de Poirot*
*Punição para a inocência*
*Os Quatro Grandes*
*Seguindo a correnteza*
*Sócios no crime*
*A teia da aranha*
*A terceira moça*
*Testemunha da acusação e outras peças*
*Testemunha ocular do crime*
*Os trabalhos de Hércules*
*Tragédia em três atos*
*Os treze problemas*
*Os últimos casos de Miss Marple*

Sob o pseudônimo de
Mary Westmacott:

*Ausência na primavera*
*O conflito*
*O fardo*
*Filha é filha*
*O gigante*
*Retrato inacabado*